W0095776

Unterrichtswerk für
katholischen Religionsunterricht
in der Sekundarstufe I

Herausgegeben von
Prof. Dr. Elisabeth Reil und
Prof. Dr. Georg Hilger

Erarbeitet von
Dr. Hans-Walter Nörtersheuser,
Christian Schuhmacher
auf der Basis von Reli

Bearbeitet und ergänzt von
Ralph Güth,
Prof. Dr. Elisabeth Reil,
Dr. Jean-Pierre Sterck-Degueldre
unter Mitarbeit von Dr. Bergit Peters

Reli kompetent 5/6

Unterrichtswerk für katholischen Religionsunterricht
in der Sekundarstufe I

Herausgegeben von
Prof. Dr. Elisabeth Reil und Prof. Dr. Georg Hilger

Zugelassen als Lehrbuch für den katholischen Religionsunterricht
an Haupt-, Real-, Gesamt- und Sekundarschulen durch die Diözesanbischöfe von
Aachen, Essen, Köln (für den Bistumsanteil im Bundesland Nordrhein-Westfalen),
Münster (für den Bistumsanteil im Bundesland Nordrhein-Westfalen) und
Paderborn (für den Bistumsanteil im Bundesland Nordrhein-Westfalen).

Dieses Werk berücksichtigt die Regeln der reformierten Rechtschreibung und Zeichen-
setzung. Bei den mit **R** gekennzeichneten Texten haben die Rechteinhaber einer Anpas-
sung widersprochen.

Illustration: Isabella Roth, Düsseldorf
Umschlaggestaltung: Kaselow-Design, München
Layoutkonzept: Lisa Neuhalfen, Berlin
Layout und technische Umsetzung: abavo, Buchloe
Notensatz: Holger Jeschke, Leipzig

www.cornelsen.de / www.oldenbourg.de

Die Webseiten Dritter, deren Internetadressen in diesem Lehrwerk angegeben sind,
wurden vor Drucklegung sorgfältig geprüft. Der Verlag übernimmt keine Gewähr für
die Aktualität und den Inhalt dieser Seiten oder solcher, die mit ihnen verlinkt sind.

1. Auflage, 1. Druck 2017

Alle Drucke dieser Auflage sind inhaltlich unverändert und können im Unterricht
nebeneinander verwendet werden.

© 2017 Cornelsen Verlag GmbH, Berlin

Druck: Kösel, Krugzell
ISBN 978-3-06-065506-9 (Schülerbuch)
ISBN 978-3-06-065729-2 (E-Book)

PEFC zertifiziert
Dieses Produkt stammt aus nachhaltig
bewirtschafteten Wäldern und kontrollierten
Quellen.

www.pefc.de

Vorwort

Hallo, ich begleite dich in Reli!

Liebe Schülerinnen, liebe Schüler,

dieses Buch wird euch in den nächsten beiden Jahren im Reli-Unterricht begleiten. Die Bilder, Texte und Lieder in *Reli kompetent* möchten euch anregen, über euch selbst, die anderen und den christlichen Glauben nachzudenken.

Durch viele Arbeitsimpulse und Projektideen lädt *Reli kompetent* euch ein, euren Reli-Unterricht aktiv mitzugestalten, eure Ansichten und Gedanken einzubringen.

Das Inhaltsverzeichnis auf Seite 4–5 bietet euch einen ersten Überblick über die Vielfalt der Fragen und Themen, die in diesem Buch angesprochen werden. Die einzelnen Kapitel sind immer gleich aufgebaut. Auf den Seiten 6–7 erfahrt ihr mehr darüber. So behaltet ihr immer den Überblick über das Thema und die Lerninhalte.

Manche Kapitel und Themen überschneiden oder wiederholen sich scheinbar. Die Kapitel und Themen in *Reli kompetent* sind aber so gestaltet, dass ihr im Verlauf des Reli-Unterrichts euer Wissen aufbaut, erweitert und vertieft. Zunächst bewegt ihr euch mit euren Fragen wie ein Surfer an der Wasseroberfläche, nach und nach könnt ihr wie ein Taucher tiefer gehen und mehr erfahren. Dabei helfen euch auch die Verknüpfungen und Verweise zwischen den Kapiteln. Euer Lernprozess geht auf diese Weise immer weiter.

Vor den Arbeitsaufträgen stehen grüne oder blaue Quadrate. Sie zeigen an, wie knifflig ein Auftrag ist.
- ▪ Ein Quadrat steht für eine Basisfrage.
- ▪▪ Zwei Quadrate bedeuten: Hier könnt ihr einen Schritt weiter gehen oder tiefer in das Thema der Seite einsteigen.
- ▪▪▪ Aufgaben mit drei Quadraten erfordern entweder mehr Zeit und Aufwand bei der Umsetzung oder sind für die besonders Interessierten unter euch gedacht.

Wir wünschen euch im Reli-Unterricht spannende Entdeckungen und viel Vergnügen und Lust am Lernen!

Das Herausgeber- und Autorenteam

Inhalt

Aufbau der Kapitel in *Reli kompetent*

Hier geht's los:

Die **Titelseite** öffnet gewissermaßen das Fenster zum Thema. Ihr bekommt einen ersten Einblick, worum es in dem Kapitel geht.

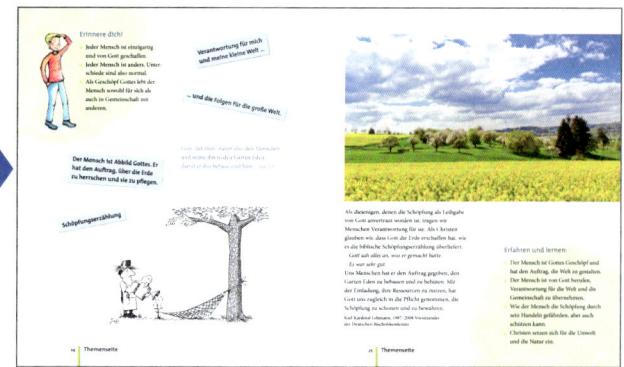

Die **Themenseite** ermöglicht wie ein Schaufenster einen Überblick über das Angebot des Kapitels: Welche Aspekte gehören zu dem Thema? Worauf baut das Kapitel auf? Was könnt ihr hier Neues erfahren und lernen?

Im Anhang findet ihr u.a. ein **Lexikon** mit wichtigen Begriffen und Hintergründen. Sie bieten eine Ergänzung zu den Informationen der Infoseite. Die Stichwörter des Lexikons sind in den Kapiteln durch → gekennzeichnet, z.B. →Evangelium.

Die Seite **Stellungnahmen** fordert euch auf, eure neuen Erkenntnisse anzuwenden und daraus Schlüsse zu ziehen. Wie haben sich eure Positionen und Meinungen verändert? Wo möchtet ihr gern mehr erfahren? Notiert und sammelt eure weiterführenden Fragen, um sie zu einem späteren Zeitpunkt wieder aufzugreifen.

Auf der **Projektseite** findet ihr Vorschläge für gemeinsame Klassen-Aktionen, die das Lernen und das Tun miteinander verbinden.

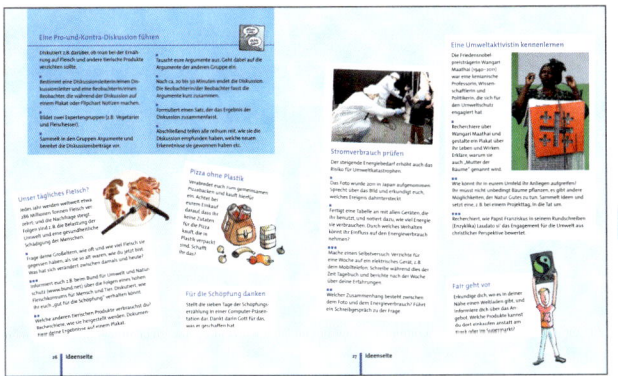

Auf der **Ideenseite** könnt ihr die Ideen auswählen, die für eure Gruppe und Situation geeignet sind. So erschließt ihr euch das Thema in eurem eigenen Tempo.
Pro Kapitel lernt ihr eine Arbeitsweise (Methode) vertieft kennen. Sie ist durch einen blauen Hintergrund gekennzeichnet. So stärkt ihr eure Methodenkompetenz.

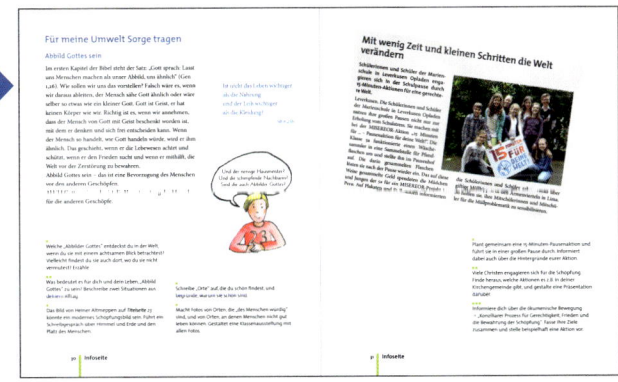

Die **Infoseite** bietet Informationen zu einem Thema damit ihr euch ein eigenes, sachkundiges Urteil bilden könnt.

Die **Deuteseite** bringt Zeugnisse und Anfragen aus der Bibel, aus der Kirchengeschichte, aus Kunst und Literatur von Menschen, die sich über das Leben und den Glauben Gedanken gemacht haben. Ihr seid eingeladen, euch mit ihnen auseinanderzusetzen und nach der Bedeutung für euer eigenes Leben zu fragen.

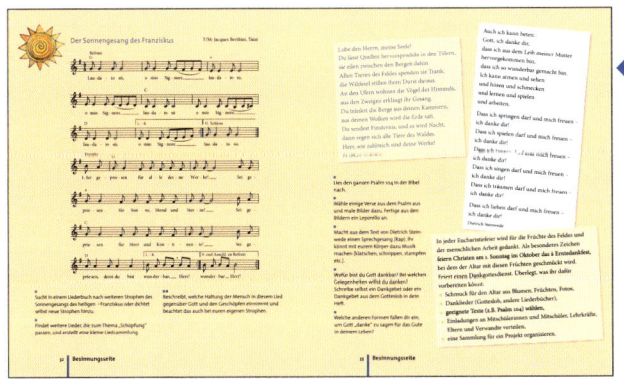

Die **Besinnungsseite** lädt zum Verweilen, zum Nachspüren, auf einen Weg nach innen ein. Die Lieder, Gebete und Übungen sind Angebote, die ihr auswählen und mitmachen könnt. So kann Religion erfahrbar werden.

Kunst und Literatur in *Reli kompetent*

Durch Kunst und Literatur kannst du wie durch die Augen eines anderen Menschen auf eine Sache blicken. Das ist oft irritierend und spannend zugleich, denn Künstler haben eine eigene, eigenwillige Art, sich mit den wichtigen Fragen und Themen des Lebens auseinanderzusetzen.

Kunstwerke und literarische Texte verwenden oft eine besondere (Bild-)Sprache. Sie drücken das, was gemeint ist, nicht direkt aus, sondern verwenden Bilder, Anspielungen und Vergleiche. Das nennt man metaphorische Sprache. Auch die Sprache der Religion ist metaphorisch, z.B. bei vielen Texten in der Bibel.

Versuche, beim Betrachten oder Lesen einem **Bild** oder einem **literarischen Text** möglichst unvoreingenommen zu begegnen.

- Betrachte ein Bild oder Foto und lass es auf dich wirken, bevor du dich dazu äußerst.
- Vermeide vorschnelle, eindeutige Zuordnungen, denn ein Kunstwerk ist vielschichtig und kann auf unterschiedliche Weise gedeutet werden.
- Der Titel eines Kunstwerkes lenkt die Gedanken oft zu sehr in eine Richtung. Deshalb stehen bei den Bildern nur der Name des Künstlers/der Künstlerin und das Entstehungsjahr. Weitere Informationen zum Künstler/zur Künstlerin und den Titel des Bildes kannst du im Künstlerlexikon auf S. 182–184 nachlesen.

- Lies einen Text zuerst leise für dich oder höre aufmerksam zu, wenn er vorgelesen wird.
- Achte dabei neben dem Inhalt auch auf die Sprache, die Wortwahl, den Rhythmus.

Der **Film** oder **Kurzfilm** ist eine weitere Form, sich künstlerisch mit den Fragen und Themen des Lebens auseinanderzusetzen.

- Die Gestaltungsmöglichkeiten in einem Film (Schnitt, Perspektive, Geräusche etc.) können z.B. Gegensätzlichkeit oder Widersprüchlichkeit besonders gut ausdrücken oder verschiedene Blickwinkel ermöglichen.
- Auch die Bildsprache eines Filmes gilt es zu entdecken und zu entschlüsseln, um seine Aussage zu verstehen.

Bilder und Texte können immer wieder neu gedeutet werden, je nachdem, wer sie in welcher Situation wahrnimmt. So entfalten sie auch immer wieder neu ihre Wirkung.
Indem du versuchst, dich auf Bilder und Texte einzulassen und ihnen auf die Spur zu kommen, lernst du, die Welt, in der du lebst, und deinen Glauben mit ihrer Hilfe zu deuten.

Michael Wolf, 2012

1 Von Gott geschaffen und geliebt

Erinnere dich!

- Jeder Mensch ist einzigartig.

sortieren

deuten

gestalten

beschreiben

beurteilen

erzählen

Warum gibt es die Welt?

Im Anfang erschuf Gott
Himmel und Erde.
Gen 1,1

Woher kommt die Welt?

miteinander leben

teilnehmen

sich verständigen

Wer bin ich?

bewerten

charakterisieren

sammeln

miteinander handeln

Albrecht Dürer, 1484

Loretta Lux, 2001

erklären

wahrnehmen

Woher komme ich?

verstehen

zuordnen

Aufgaben lösen

Erfahren und lernen:

- Jeder Mensch ist von Gott geschaffen und unverwechselbar.
- Christen glauben, dass Gott den Menschen liebt.
- Wie der Mensch allein und in Gemeinschaft ein gutes Leben führen kann und was ihn daran hindern kann.

Profil zeigen

Du brauchst dazu einen großen Papierbogen und einen Overheadprojektor oder Beamer als Lichtquelle.

Hefte den Papierbogen an die Wand oder die Tafel. Stelle dich zwischen ihn und die Lichtquelle. Je näher du am Papierbogen bist, desto kleiner wird dein Profil. Bitte eine Mitschülerin/einen Mitschüler, dein Profil auf dem Papierbogen nachzuzeichnen.

■ Gestalte dein Profil zu einem Kunstwerk, z. B. mit Wachsmalkreiden. Überlege, welche Farben und Formen zu dir passen. Wird es eher ein Bild mit zarten Farben oder passen kräftige Farben besser?

■ Zeichne Denkblasen um dein Profil und schreibe hinein, wie du dich selbst siehst, welche Wünsche und Hoffnungen du hast.

Ein eigener Mensch werden

Es ist nicht einfach, ein eigenes Profil zu entwickeln, eigene Meinungen zu vertreten, wenn sie vielleicht von denen der Freunde abweichen. Was heißt das für dich: ein eigener Mensch werden? Denke an deine Kleidung, Hobbys, Meinungen etc.

Einen „gut"-Brief bekommen

Wenn ihr einen anderen Menschen trefft, seht ihr zuerst nur äußere Dinge. Doch es gibt mehr zu entdecken. Ihr könnt das zu zweit durch eine kleine Übung besonders gut erfahren.

■ Schaut euch genau an: die Augen und ihre Farbe, die Haare, die Nase, den Mund, das Kinn und die Wangen etc. Schließt nun die Augen und versucht, das Gesicht vor euch zu sehen und zu beschreiben. Was fällt euch zu eurem Gegenüber noch ein, das man nicht gleich sieht? Was kann er oder sie besonders gut? Ist er besonders lustig, weiß sie viel? Sammelt in Gedanken alles, was ihr an dem/der anderen gut findet.

■ Schreibt alle guten Eigenschaften, die euch eingefallen sind, auf ein Blatt Papier, z.B. so: „Liebe/r ..., es ist schön, dass du ...", und gebt den Brief in einem Umschlag dem/der anderen.

Einem Bild auf die Spur kommen

Betrachte das Foto auf der *Titelseite 9*. Beschreibe das Bild mit deinen Worten. Bilde dir eine Meinung darüber, was der Künstler damit zeigen wollte.

Spannung halten

Stellt euch im Kreis auf. Haltet gemeinsam ein Seil und versucht, es zu straffen und mit ihm einen gleichmäßigen Kreis zu formen. Alle sollen dabei das Gefühl haben, locker und sicher zu stehen und von allen anderen mitgehalten zu werden.
Benennt die Fähigkeiten und Regeln, die euch helfen, einen schönen Kreis zu bekommen.

Rate einmal, wer ich bin!

Wenn du in eine Wohnung oder in ein Zimmer kommst, kannst du manches über die Person erfahren, die dort wohnt, z.B. durch Poster und Bilder an der Wand, die Einrichtung, die (Un-)Ordnung etc. Was können andere über dich erfahren, wenn sie dein Zimmer/deinen Bereich betreten? Male drei Gegenstände, die dir besonders wichtig sind. Überlege, was du deiner Klasse davon erzählen könntest. Bringe deinen Lieblingsgegenstand in den Religionsunterricht mit. Du wirst staunen, wie viel er über dich sagen kann!

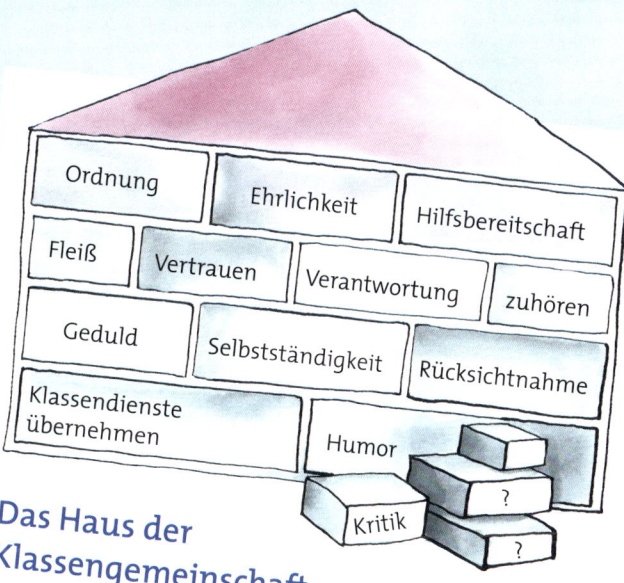

Das Haus der Klassengemeinschaft

Eure Klassengemeinschaft könnt ihr mit einem Haus vergleichen, in dem ihr miteinander lebt. Jedes Haus hat ein Fundament, tragende Wände, ein Dach, Fenster und Türen etc.

■ Lest die Wörter auf den Steinen des Hauses. Besprecht in Gruppen, welche Steine euch wichtig sind und welche ihr ergänzen wollt.

■ Malt nun euer Haus mit den ausgewählten Bausteinen auf ein Plakat und stellt es anschließend der ganzen Religionsgruppe vor. Begründet die Auswahl und den Platz der Bausteine.

Das bin ich

Wassily Kandinsky, 1909

Aus der Ferne wirkt das Bild auf der *Titelseite 9* wie ein buntes Muster. In Wirklichkeit ist es aber der Ausschnitt aus einem Hochhaus. Dass darin Menschen wohnen, erkennt man nur an den Gegenständen auf den Balkonen. Der Fotograf Michael Wolf will mit seiner Kamera zeigen, wie dicht Menschen in den modernen Massenstädten beisammen-wohnen. Ein ganz anderes Wohngefühl drückt der Maler Wassily Kandinsky mit dem Bild von seinem Schlafzimmer aus. Die freundlichen Farben drücken aus, dass ihm sein Zimmer gefallen hat.

■
Diskutiert darüber, was die Gestaltung des Zimmers über Eigenarten seiner Bewohner aussagt. Ihr könnt das auch auf euer eigenes Zimmer oder die Zimmer von Verwandten und Freunden anwenden. Was ist typisch für sie?

■
Male die Umrisse des Bildes ab und dekoriere es mit eigenen persönlichen Gegenständen.

■
Welche Fragen möchtest du an das Bild auf *Titelseite 9* stellen? Schreibe sie auf. Denke vor allem an die Menschen, die hinter den Fenstern leben.

■
Finde heraus, wie viele Wohnungen dieser Bild-ausschnitt enthält, und rechne dir aus, wie viele Menschen dort leben könnten.

■
Versetze dich in die Situation eines Kindes in einer dieser Wohnungen und erzähle in Ich-Form, welche Wünsche es hat und wie es möglicherweise seinen Tag verbringt.

■■
Erörtere, welchen Stellenwert der einzelne Mensch in einer solchen Welt einnimmt. Du kannst dabei folgende Wörter zu Hilfe nehmen: Freiheit, Enge, Zwang, Einsamkeit, Gemeinschaft, Anonymität, Begegnung, Natur, Technik, Einzelmensch, Massenmensch.

■■
Vergleicht die Bilder auf dieser Seite und *Titelseite 9*. Erörtert, in welchen Situationen sich der Mensch als Massenmensch fühlt und in welchen Situationen er sich als Mensch mit eigenem Profil erlebt.

■■
Diskutiert in der Gruppe darüber, wie sich der Mensch verändert, je nachdem, in welcher Umgebung er lebt. Erzählt auch von eigenen Erfahrungen.

Ego – das bin ich auch

Gebet

Es wohnen drei in meinem Haus –
Das Ich, das Mich, das Mein.
Und will von draußen wer herein,
So stoßen Ich und Mich und Mein
Ihn grob zur Tür hinaus.

Stockfinster ist es in dem Haus,
Trüb flackert Kerzenschein.
– Herr: laß dein Sonnenlicht herein!
Dann geht dem Ich, dem Mich, dem Mein
Das fahle Flämmchen aus. R

Mascha Kaléko

Sinngedicht

Sei gut zu dir.
Die Welt ist schlecht.
Das Unrecht blüht,
nimm dir das Recht
und tu den Schritt
zum Ich vom Wir:
Die Welt ist schlecht.
Sei gut zu dir.

Robert Gernhardt

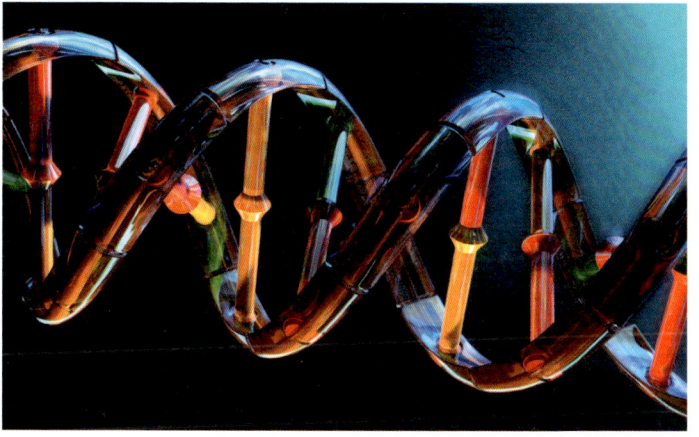

■
Erkläre, welchen Zustand vom Menschen die beiden Gedichte beschreiben.

■■
Wer zwischen den Zeilen lesen kann, merkt bald, welchen Rat die Dichterin und der Dichter dem Leser/ der Leserin auf den Weg mitgeben. Formuliere auf der Basis dieser Gedichte drei Lebensregeln und schreibe sie auf kleine Karteikarten.

■■■
Besprecht in der Klasse eure Lebensregeln und einigt euch, welche für alle Menschen gelten sollten. Klebt diese auf ein Plakat mit der Überschrift „So können wir gut zusammenleben".

■■
Dass der Mensch nicht als Massenmensch geschaffen ist, zeigen die Kenntnisse vom Fingerabdruck und von der DNA. Holt Erkundungen dazu ein.

Anders sein

Fliegen können! Das ist der Traum vieler Kinder. Sich einfach in die Luft erheben und davonschweben. Der Schriftsteller John Boyne spielt in seinem Roman „Die unglaublichen Abenteuer des Barnaby Brocket" mit dieser Vorstellung. Doch für Barnaby ist es nicht immer leicht, dass er anders ist als die anderen … Eines Tages macht ihm seine Mutter heftige Vorwürfe …

1 „Wir sind eine normale Familie, Alistair", sagte Eleanor und warf ihm einen bösen Blick zu. Dann wandte sie sich an Barnaby: „Aber dein Vater hat recht. Du hast acht Jahre damit verbracht, immer zur Decke zu schweben, hast dich an unsere David-Jones-
5 Bellissimo-Matratze gedrückt und dich geweigert, in eine normale Schule zu gehen –"
„Ich habe mich überhaupt nicht geweigert, irgendwo hinzugehen", protestierte Barnaby und setzte sich in seinem Bett auf. „Ihr habt mich in die Akademie für unerwünschte Kinder geschickt. Ich
10 wollte da überhaupt nicht hin."
„Ach, das sind doch nun wirklich Haarspaltereien. Der entscheidende Punkt ist: Wenn du wieder zu uns nach Kirribilli kommst, musst du mit diesem Unsinn aufhören. Du willst damit doch nur Aufmerksamkeit auf dich ziehen. Heute Morgen standen
15 schon gleich wieder Nachrichtenwagen vor unserem Haus, und die Reporter stellten Fragen über den Jungen, der aus dem Weltraum zurückgekommen ist, den Jungen, der mit den Füßen nicht auf dem Boden bleiben kann, sondern schwebt wie ein Heliumballon. Es ist wieder genau wie damals, als du unbedingt der
20 zehnmillionste Besucher der Harbour Bridge sein musstest."
„Aber ich habe doch gar nicht gewusst, dass ich der zehnmillionste Besucher bin!", rief Barnaby, der die ganze Ungerechtigkeit nun deutlich spürte. „Für mich war es genauso eine Überraschung wie für euch."
25 „Du musst dich einfach immer in den Vordergrund spielen, das ist dein Problem. Und wir können das nicht mehr hinnehmen."

Eine Operation könnte Barnaby helfen, ein ganz normaler Junge zu werden. Aber er will sich nicht operieren lassen. Nach vielen Abenteuern und Begegnungen mit anderen ungewöhnlichen Menschen kommt Barnaby mit sich ins Reine und steht selbstbewusst zu seinem Anderssein.

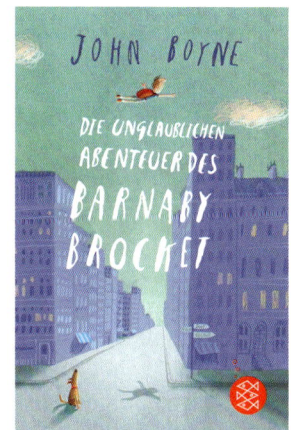

„Deshalb bitten wir dich, Barnaby – wenn du mit uns nach Hause kommst, versprichst du uns dann, endlich normal zu sein? Hörst du ein für allemal auf zu
30 *schweben?"*
Und ihm kam der Gedanke, dass normal zu sein vielleicht gar nicht so erstrebenswert war, wie alle sagten. Wie viele normale Jungen hatten so tolle Abenteuer erlebt wie er oder so tolle Leute kennengelernt? Wie
35 *viele Jungen hatten so viel von der Welt gesehen wie er und so vielen Menschen unterwegs geholfen? Und wer konnte überhaupt sagen, dass er derjenige war, der nicht normal war? War es normal, ein Loch in einen Rucksack zu schneiden und einen achtjähri-*
40 *gen Jungen einfach davonfliegen zu lassen, in unbekannte Fernen? War es normal, immer nur so – na ja – so normal sein zu wollen?*

■
Im wirklichen Leben geht es natürlich nicht um die Frage: „Fliegen können oder nicht". Dennoch ähneln viele Probleme denen von Barnaby Brocket. Erfindet Geschichten, die wahr sein könnten. Erzählt sie euch gegenseitig.

■
Macht eine Tabelle: Wie können Menschen „anders" sein? Und wie reagieren andere Menschen auf dieses Anderssein?

■■
Wählt eine Situation aus und entwickelt aus ihr ein Rollenspiel.

■■■
Überlege, wo du dich manchmal „anders" fühlst und die anderen als „anders" empfindest. Schreibe deine Gedanken in einem Tagebucheintrag auf.

■■■
Diskutiert, wie sich unsere Gesellschaft verändern müsste, damit die Eigenheit aller Menschen angenommen wird. Was könnt ihr selbst dazu beitragen? Schreibt einen Vorsatz auf eine Karte und bewahrt diese so auf, dass sie euch immer wieder erinnert.

■■■
Findet Beispiele, wo den Eigenheiten eines Menschen auch Grenzen gesetzt sind.

Als Mann und Frau geschaffen

Zwei Schöpfungserzählungen und zwei verschiedene Bilder vom Menschen: In der ersten Erzählung wird gesagt, dass Gott den Menschen als Mann und Frau geschaffen hat, beide gleichzeitig und beide gleichwertig als sein →Abbild. In der zweiten wird gesagt, dass der Mann zuerst geschaffen wurde und später die Frau aus seiner Rippe. Jahrtausendelang wurde aus dieser Erzählung herausgelesen, dass der Mann über der Frau stehe; darum müsse sie ihm gehorchen. Dabei hat man aber etwas Wichtiges übersehen: In der Bibel steht nicht, dass die Frau vom *Mann*, sondern dass sie vom *Menschen* genommen ist. Vom Mann spricht die Bibel erst, nachdem es die Frau schon gibt.

Auch die Erschaffung aus der Rippe bedeutet nicht, dass die Frau ein untergeordneter Teil vom Mann ist. Die Rippe war zu der Zeit, als die Schöpfungserzählung entstand, vielmehr ein Symbol der Fruchtbarkeit. Bei Ausgrabungen in Israel wurden menschenförmige Tonfiguren gefunden, die in ihrem Inneren eine Rippe oder einen anderen menschlichen Knochen enthielten. Dieser Knochen sollte eine Verbindung zu den verstorbenen Ahnen herstellen. Man wollte damit sagen, dass sie alle aus einem Geschlecht sind. Die Rippe, aus der Gott die Frau baut, weist also darauf hin, dass die Frau ebenso zum Menschengeschlecht gehört wie der Mann.

> Dann sprach Gott, der Herr: Es ist nicht gut, dass der Mensch allein ist. Ich will ihm eine Hilfe machen, die ihm ebenbürtig ist. Da ließ Gott, der Herr, einen tiefen Schlaf auf den Menschen fallen, sodass er einschlief, nahm eine seiner Rippen und verschloss ihre Stelle mit Fleisch. Gott, der Herr, baute aus der Rippe, die er vom Menschen genommen hatte, eine Frau und führte sie dem Menschen zu. Und der Mensch sprach: Das endlich ist Bein von meinem Bein und Fleisch von meinem Fleisch. Frau soll sie genannt werden; denn vom Mann ist sie genommen.   Gen 2,18.21–23

> Gott erschuf den Menschen als sein Bild;
> als Bild Gottes schuf er ihn.
> Männlich und weiblich erschuf er sie.   Gen 1,27

Lest die Schöpfungserzählungen nach und untersucht, wo zum ersten Mal und in welchem Zusammenhang die Namen Adam und Eva vorkommen.

Erkundet im Internet oder in einem Lexikon die Bedeutung dieser Namen.

Es gibt Schöpfungserzählungen von anderen Völkern, in denen die Frau entweder aus dem Kopf des Mannes oder aus seiner Ferse kommt. In der Bibel ist es die Mitte des Menschen. Diskutiert darüber, welche Bedeutung das für die Stellung der Frau haben könnte.

![Michelangelo Buonarroti, um 1510]

Michelangelo Buonarroti, um 1510

Sind wir wirklich alle Gottes Abbild? Manchmal kommen mir da Zweifel!

■
Vergleicht den Bibeltext aus Gen 2 mit diesem Bild. Arbeitet heraus, wo der Künstler dem Bibeltext folgt und wo er neue Elemente ins Spiel bringt.

■■■
Gott und die Frau scheinen auf diesem Bild miteinander zu sprechen. Denkt euch ein Gespräch aus, das die beiden miteinander führen könnten, und spielt es mit einem Partner/einer Partnerin in einer kleinen Szene vor.

■
Informiert euch im Internet oder in einem Lexikon über das Leben von Michelangelo Buonarroti.

■■
Vergleicht die biblischen Vorstellungen und das Bild von Michelangelo mit den Erkenntnissen der modernen Wissenschaften und begründet, warum der biblische Text trotzdem wichtig bleibt.

Der Mensch: Gottes Liebling

Fürchte dich nicht, denn ich habe dich ausgelöst,
ich habe dich beim Namen gerufen,
du gehörst mir.

Jes 43,1

Weil du in meinen Augen teuer und wertvoll bist,
und weil ich dich liebe,
gebe ich Menschen für dich
und für dein Leben ganze Völker.

Jes 43,4

Du selbst hast mein Innerstes geschaffen,
hast mich gewoben im Schoß meiner Mutter.
Ich danke dir, dass ich so staunenswert und
wunderbar gestaltet bin.
Ich weiß genau: Wunderbar sind deine Werke.
Dir waren meine Glieder nicht verborgen,
als ich gemacht wurde im Verborgenen,
gewirkt in den Tiefen der Erde.

Ps 139,13–15

Was ist der Mensch, dass du seiner gedenkst,
des Menschen Kind, dass du dich seiner annimmst?

Ps 8,5

■ Wähle einen der Verse aus und male dazu ein Bild.

■■ Veranstaltet in der Klasse eine Ausstellung eurer Bilder und bezieht dabei auch das Bild auf *Titelseite 9* mit ein.

■■■ Lies Ps 139,13–16 und überlege, wie du die gegensätzlichen Bildworte „im Schoß meiner Mutter" und „in den Tiefen der Erde" in *einem* abstrakten Bild durch Farben und Formen ausdrücken könntest.

Filmanalyse

Gott liebt alle Menschen – gerade in ihrer Verschiedenartigkeit. Trotzdem fällt es manchmal schwer, gut mit den anderen auszukommen, z.B. in der Klasse, der Familie, der Clique, der Nachbarschaft, dem Verein. Bei Konflikten sind gute Ideen gefragt, um etwas verändern zu können. Der Film „Mobile" zeigt, welche Ideen eine Kuh hat, die von der Gemeinschaft ausgeschlossen wird.

Führt anhand des Filmes eine Filmanalyse durch:

Vor der Filmvorführung

- Bildet Gruppen. Jede Gruppe konzentriert sich bei der Filmanalyse auf einen bestimmten Aspekt, z.B. Story, Erzählweise, Bildsprache, Filmtechnik, ...

- Notiert euch wichtige Fragen für euren Aspekt.

Schaut nun gemeinsam den Film an und achtet dabei v. a. auf euren besonderen Aspekt. Macht Notizen während des Anschauens.

Nach der Filmvorführung

- Wertet in den Gruppen eure Notizen aus und fasst zusammen, was für den jeweiligen Aspekt wichtig und interessant ist.

- Aus jeder Gruppe trägt eine/einer die Ergebnisse vor.

- Als Abschluss der Analyse könnt ihr die Ergebnisse aller Gruppen in einer Präsentation zusammenführen.

Verschieden sein

Der Leopard hat Flecken

M: frei nach Günter Strohbach /
T: Heinz Lemmermann

Der Le - o-, der Le - o-, der Le - o-pard hat Flec-ken, der
Nas-horn, das Nas-horn, das Nas - horn das hat Zec-ken, das

Pa - pa-, der Pa - pa-, der Pa - pa - gei ist dreist. Das Sie
Nil-pferd, das Nil-pferd, das Nil-pferd das ist_____ feist.

al - le sind ver - schie - den, am Kopf, am Fell, am Bauch, und doch mit sich zu -

frie - den. Ich hoff, du bist es auch! hoff, du bist es auch!

2. Der Hai hat, der Hai hat, der Hai hat scharfe Zähne,
und Krallen, und Krallen, und Krallen hat der Bär.
Der Elch hat, der Elch hat, der Elch hat eine Mähne,
der Wal ist, der Wal ist, der Wal ist träg und schwer.
Sie alle sind …

Noch Fragen?

■ Dichte eine Strophe über dich selbst
und schreibe sie in dein Heft. Wenn
du möchtest, kannst du sie der Klasse
vorlesen.

■■ Ihr könnt arbeitsteilig einen Dankgottesdienst vorbereiten für das Geschenk, ein
Geschöpf Gottes zu sein. Bildet Gruppen
für die Gestaltung des Raumes, die
Auswahl der Lieder und Gebete etc.

In diesem Kapitel hast du gehört, dass jeder Mensch
ein Geschöpf Gottes ist und von Gott geliebt wird –
so wie er ist. Blättere noch einmal durch das Kapitel.
Was ist dir noch unklar? Welche Gedanken möchtest du weiter verfolgen? Notiere deine Fragen in
einem besonderen „Fragen-Heft". So vergisst du sie
nicht und kannst sie später wieder aufgreifen.

Heiner Altmeppen, 1980–81

2 Die Schöpfung – uns anvertraut

Erinnere dich!

- Jeder Mensch ist einzigartig und von Gott geschaffen.
- Jeder Mensch ist anders. Unterschiede sind also normal.
- Als Geschöpf Gottes lebt der Mensch für sich und in Gemeinschaft mit anderen.

Verantwortung für mich und meine kleine Welt ...

... und die Folgen für die große Welt.

Der Mensch ist Abbild Gottes. Er hat den Auftrag, über die Erde zu herrschen und sie zu pflegen.

Gott, der Herr, nahm den Menschen und gab ihm seinen Wohnsitz im Garten von Eden, damit er ihn bearbeite und hüte.   Gen 2,15

Schöpfungserzählung

Als diejenigen, denen die Schöpfung als Leihgabe von Gott anvertraut worden ist, tragen wir Menschen Verantwortung für sie. Als Christen glauben wir, dass Gott die Erde erschaffen hat, wie es die biblische Schöpfungserzählung überliefert:

Gott sah alles an, was er gemacht hatte:
Es war sehr gut.

Uns Menschen hat er den Auftrag gegeben, den Garten Eden zu bebauen und zu behüten. Mit der Einladung, ihre Ressourcen zu nutzen, hat Gott uns zugleich in die Pflicht genommen, die Schöpfung zu schonen und zu bewahren.

Karl Kardinal Lehmann, 1987–2008 Vorsitzender der Deutschen Bischofskonferenz

Erfahren und lernen:

- Der Mensch ist Gottes Geschöpf und hat den Auftrag, die Welt zu gestalten.
- Der Mensch ist von Gott berufen, Verantwortung für die Welt und die Gemeinschaft zu übernehmen.
- Wie der Mensch die Schöpfung durch sein Handeln gefährden oder schützen kann.
- Christen setzen sich für die Umwelt und die Natur ein.

Eine Pro-und-Kontra-Diskussion führen

Diskutiert z.B. darüber, ob man bei der Ernährung auf Fleisch und andere tierische Produkte verzichten sollte.

■ Bestimmt eine Diskussionsleiterin/einen Diskussionsleiter und eine Beobachterin/einen Beobachter, die während der Diskussion auf einem Plakat oder Flipchart Notizen machen.

■ Bildet zwei Expertengruppen (z.B. Vegetarier und Fleischesser).

■ Sammelt in den Gruppen Argumente und bereitet die Diskussionsbeiträge vor.

■ Tauscht eure Argumente aus. Geht dabei auf die Argumente der anderen Gruppe ein.

■ Nach ca. 20 bis 30 Minuten endet die Diskussion. Die Beobachterin/der Beobachter fasst die Argumente kurz zusammen.

■ Formuliert einen Satz, der das Ergebnis der Diskussion zusammenfasst.

■ Abschließend teilen alle reihum mit, wie sie die Diskussion empfunden haben, welche neuen Erkenntnisse sie gewonnen haben etc.

Unser tägliches Fleisch?

Jedes Jahr werden weltweit etwa 286 Millionen Tonnen Fleisch verzehrt; und die Nachfrage steigt. Folgen sind z.B. die Belastung der Umwelt und eine gesundheitliche Schädigung der Menschen.

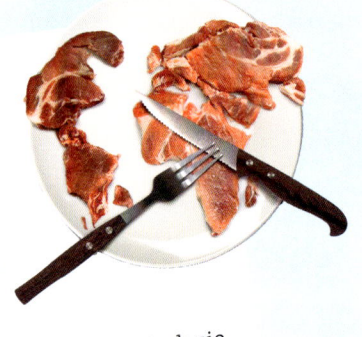

■ Frage deine Großeltern, wie oft und wie viel Fleisch sie gegessen haben, als sie so alt waren, wie du jetzt bist. Was hat sich verändert zwischen damals und heute?

■■■ Informiert euch z.B. beim Bund für Umwelt und Naturschutz (www.bund.net) über die Folgen eines hohen Fleischkonsums für Mensch und Tier. Diskutiert, wie ihr euch „gut für die Schöpfung" verhalten könnt.

■■ Welche anderen tierischen Produkte verbrauchst du? Recherchiere, wie sie hergestellt werden. Dokumentiere deine Ergebnisse auf einem Plakat.

Pizza ohne Plastik

Verabredet euch zum gemeinsamen Pizzabacken und kauft hierfür ein. Achtet bei eurem Einkauf darauf, dass ihr keine Zutaten für die Pizza kauft, die in Plastik verpackt sind. Schafft ihr das?

Für die Schöpfung danken

Stellt die sieben Tage der Schöpfungserzählung in einer Computer-Präsentation dar. Ihr könnt Gott darin danken für das, was er geschaffen hat.

Stromverbrauch prüfen

Der steigende Energiebedarf erhöht auch das Risiko für Umweltkatastrophen.

■
Das Foto wurde 2011 in Japan aufgenommen. Sprecht über das Bild und erkundigt euch, welches Ereignis dahintersteckt.

■
Fertigt eine Tabelle an mit allen Geräten, die ihr benutzt, und notiert dazu, wie viel Energie sie verbrauchen. Durch welches Verhalten könnt ihr Einfluss auf den Energieverbrauch nehmen?

■■■
Mache einen Selbstversuch: Verzichte für eine Woche auf ein elektrisches Gerät, z.B. dein Mobiltelefon. Schreibe während dieser Zeit Tagebuch und berichte nach der Woche über deine Erfahrungen.

■■
Welcher Zusammenhang besteht zwischen dem Foto und dem Energieverbrauch? Führt ein Schreibgespräch zu der Frage.

Eine Umweltaktivistin kennenlernen

Die Friedensnobel-preisträgerin Wangari Maathai (1940–2011) war eine kenianische Professorin, Wissen-schaftlerin und Politikerin, die sich für den Umweltschutz engagiert hat.

■
Recherchiere über Wangari Maathai und gestalte ein Plakat über ihr Leben und Wirken. Erkläre, warum sie auch „Mutter der Bäume" genannt wird.

■■
Wie könnt ihr in eurem Umfeld ihr Anliegen aufgreifen? Ihr müsst nicht unbedingt Bäume pflanzen, es gibt andere Möglichkeiten, der Natur Gutes zu tun. Sammelt Ideen und setzt eine, z.B. bei einem Projekttag, in die Tat um.

■■■
Recherchiert, wie Papst Franziskus in seinem Rundschreiben (Enzyklika) „Laudato si" das Engagement für die Umwelt aus christlicher Perspektive bewertet.

Fair geht vor

Erkundige dich, wo es in deiner Nähe einen Weltladen gibt, und informiere dich über das An-gebot. Welche Produkte kannst du dort einkaufen anstatt am Kiosk oder im Supermarkt?

Mit Gottes Schöpfung achtsam umgehen

Lucas Cranach d.Ä., 1530

Wie der Maler Lucas Cranach im Jahr 1530, so haben viele Maler die Schöpfung als einen wunderschönen Paradiesgarten mit üppigen Pflanzen, reichlichen Früchten an den Bäumen und friedlichen Tieren aller Art dargestellt. Herausgehoben, aber doch inmitten der anderen Lebewesen steht das Menschenpaar vor Gott und hört aufmerksam auf das, was er ihnen zu sagen hat. Nebenbei hat Cranach in der oberen Bildhälfte kleine Szenen aus der Schöpfungserzählung aus Gen 2 gemalt (siehe *Deuteseite 18–19*).

■ Was könnte Gott den beiden Menschen gerade sagen? Malt Gott und das Menschenpaar und legt ihnen Sprechblasen in den Mund.

■■ Findet heraus, was die kleinen Bilder in der oberen Bildhälfte darstellen. Die Erzählungen aus Gen 2,7–3,24 können euch dabei helfen.

■ Sammelt z.B. aus dem Internet weitere Kunstbilder zur Schöpfung. Als Suchbegriffe könnt ihr „Schöpfung" oder „Paradies" eingeben. Erklärt und vergleicht die Bilder. Wählt ein Lieblingsbild aus und begründet eure Entscheidung.

■ Malt ein eigenes Schöpfungsbild und fügt das ein, was euch auf der Erde besonders wichtig ist oder was euch besonders gut an ihr gefällt. Auch diese Bilder könnt ihr in der Ausstellung zeigen.

■■■ Wenn ihr „Paradies" als Suchbegriff im Internet eingebt, findet ihr unterschiedliche Bedeutungen. Die wichtigste Unterscheidung ist die zwischen dem „Paradies auf Erden" und dem „Paradies im Himmel". Klärt die Bedeutungen in der Gruppe und wählt ein Gruppenmitglied aus, dazu einen kurzen Vortrag zu halten.

Füllt die Erde und unterwerft sie euch,
und herrscht über die Fische des Meeres,
über die Vögel des Himmels und über
alle Tiere, die auf der Erde kriechen.
Dann sprach Gott: Siehe, ich gebe euch
alles Gewächs, das Samen bildet auf
der ganzen Erde, und alle Bäume, die
Früchte tragen mit Samen darin.
Euch sollen sie zur Nahrung dienen.

Gen 1,28b–29

Herrschen heißt Verantwortung übernehmen

In der Schöpfungserzählung (Gen 1,28)
gibt Gott die Anweisung, dass sich die
Menschen die Erde unterwerfen und
über sie herrschen sollen. Diesen Satz
haben die Menschen so verstanden, dass
sie die Erde ausbeuten können und sich
als Herrscher über alle Lebewesen
gebärden dürfen.

Die Bibel meint aber etwas anderes: Gott
lässt die Menschen teilhaben an seiner
eigenen Herrschaft und vertraut ihnen
seine Schöpfung an; sie sind als seine
Verwalter eingesetzt. Ein Verwalter darf
aber den Besitz seines Herrn nicht
zerstören, sondern muss ihn bewahren.
„Über die Schöpfung herrschen" heißt
also: im Auftrag Gottes Verantwortung
für die Erde übernehmen und sie so
erhalten und gestalten, dass Gott sie als
sein Werk wiedererkennt.

■
Lest die Verse aus der Schöpfungserzählung. Diskutiert die
Folgen daraus. Was dürfen die Menschen tun, was nicht? Der
Sachtext kann euch helfen, eure Meinung zu begründen.

■■■
Erkläre, in welchem Zusammenhang die Fotos auf dieser Seite
zu den Versen Gen 1,28b–29 stehen.

■■
Finde weitere Beispiele für den guten bzw. schlechten Umgang
mit der Schöpfung, z.B. Naturschutzinitiativen, Fälle von
Umweltzerstörung etc. Recherchiere die Hintergründe und
berichte davon, z.B. in einer Fotostory oder einem Vortrag.

Für meine Umwelt Sorge tragen

Abbild Gottes sein

Im ersten Kapitel der Bibel steht der Satz: „Gott sprach: Lasst uns Menschen machen als unser Abbild, uns ähnlich" (Gen 1,26). Wie sollen wir uns das vorstellen? Falsch wäre es, wenn wir daraus ableiten, der Mensch sähe Gott ähnlich oder wäre selber so etwas wie ein kleiner Gott. Gott ist Geist, er hat keinen Körper wie wir. Richtig ist es, wenn wir annehmen, dass der Mensch von Gott mit Geist beschenkt worden ist, mit dem er denken und sich frei entscheiden kann. Wenn der Mensch so handelt, wie Gott handeln würde, wird er ihm ähnlich. Das geschieht, wenn er die Lebewesen achtet und schützt, wenn er den Frieden sucht und wenn er mithilft, die Welt vor der Zerstörung zu bewahren.
Abbild Gottes sein – das ist eine Bevorzugung des Menschen vor den anderen Geschöpfen.
Abbild Gottes sein – das ist die Verantwortung des Menschen für die anderen Geschöpfe.

Ist nicht das Leben mehr
als die Nahrung
und der Leib mehr
als die Kleidung?

Mt 6,25b

Und der nervige Hausmeister? Und die schimpfende Nachbarin? Sind die auch Abbilder Gottes?

■ Welche „Abbilder Gottes" entdeckst du in der Welt, wenn du sie mit einem achtsamen Blick betrachtest? Vielleicht findest du sie auch dort, wo du sie nicht vermutest? Erzähle.

■■ Was bedeutet es für dich und dein Leben, „Abbild Gottes" zu sein? Beschreibe zwei Situationen aus deinem Alltag.

■ Das Bild von Heiner Altmeppen auf *Titelseite 23* könnte ein modernes Schöpfungsbild sein. Führt ein Schreibgespräch über Himmel und Erde und den Platz des Menschen.

■ Spielt „Ich packe meinen Koffer" und sammelt in eurem Koffer, was Menschen zum Leben brauchen.

■ Schreibe „Orte" auf, die du schön findest, und begründe, warum sie schön sind.

■ Macht Fotos von Orten, die „des Menschen würdig" sind, und von Orten, an denen Menschen nicht gut leben können. Gestaltet eine Klassenausstellung mit allen Fotos.

Mit wenig Zeit und kleinen Schritten die Welt verändern

Schülerinnen und Schüler der Marienschule in Leverkusen Opladen engagieren sich in der Schulpause durch 15-Minuten-Aktionen für eine gerechtere Welt.

Leverkusen. Die Schülerinnen und Schüler der Marienschule in Leverkusen Opladen nutzen ihre großen Pausen nicht nur zur Erholung vom Schulstress. Sie machen mit bei der MISEREOR-Aktion „15 Minuten für ... – Pausenaktion für deine Welt!". Die Klasse 5a funktionierte einen Wäschesammler in eine Sammelstelle für Pfandflaschen um und stellte ihn im Pausenhof auf. Die darin gesammelten Flaschen lösten sie nach der Pause wieder ein. Das auf diese Weise gesammelte Geld spendeten die Mädchen und Jungen der 5a für ein MISEREOR-Projekt in Peru. Auf Plakaten und Stellwänden informierten

die Schülerinnen und Schüler schon vorab über giftige Müllkippen in den Armenvierteln in Lima. So hoffen sie, ihre Mitschülerinnen und Mitschüler für die Müllproblematik zu sensibilisieren.

■ Plant gemeinsam eine 15-Minuten-Pausenaktion und führt sie in einer großen Pause durch. Informiert dabei auch über die Hintergründe eurer Aktion.

■■ Viele Christen engagieren sich für die Schöpfung. Finde heraus, welche Aktionen es z.B. in deiner Kirchengemeinde gibt, und gestalte eine Präsentation darüber.

■■■ Informiere dich über die ökumenische Bewegung → „Konziliarer Prozess für Gerechtigkeit, Frieden und die Bewahrung der Schöpfung". Fasse ihre Ziele zusammen und stelle beispielhaft eine Aktion vor.

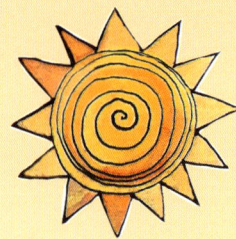

Der Sonnengesang des Franziskus

M: aus Italien/T: Winfried Pilz

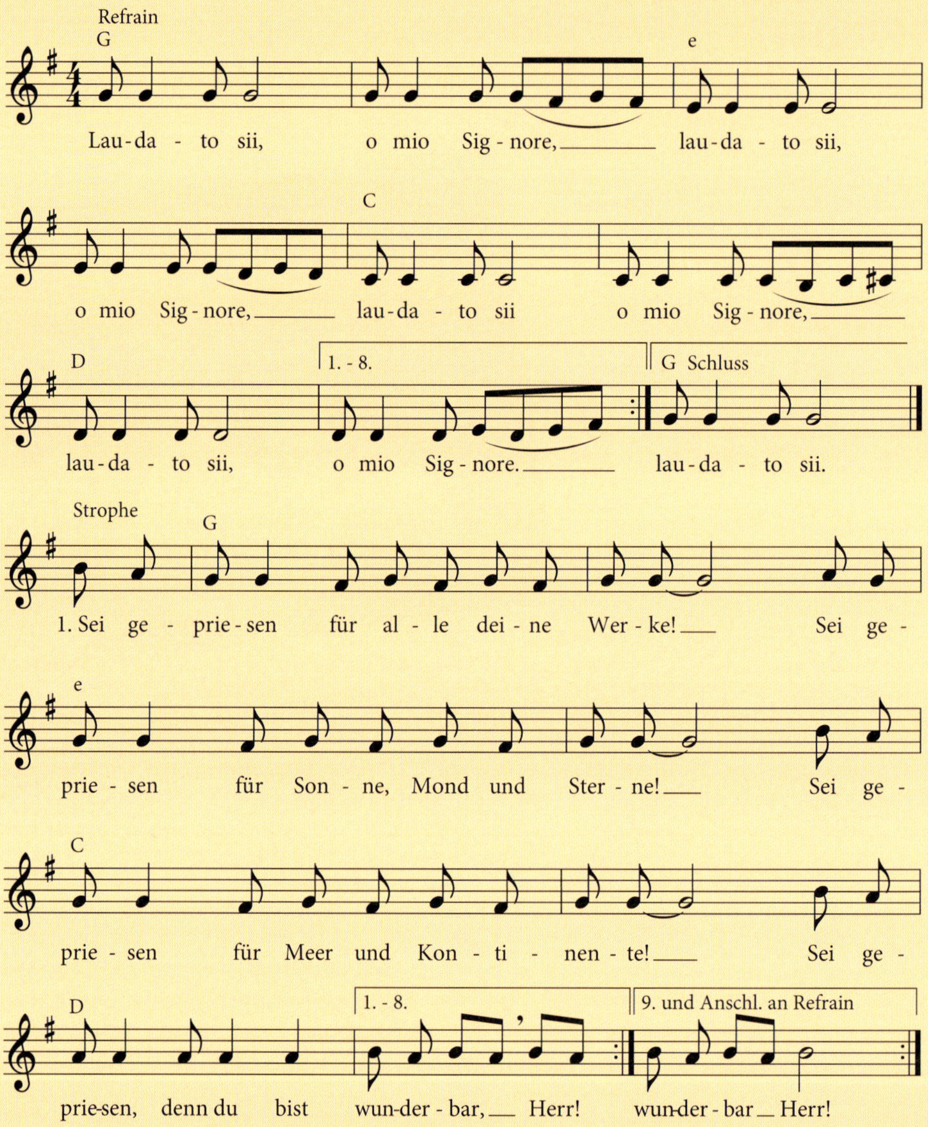

Refrain
G
Lau-da - to sii, o mio Sig - nore, lau-da - to sii,
e
o mio Sig - nore, lau-da - to sii o mio Sig - nore,
C
D
1. - 8.
G Schluss
lau-da - to sii, o mio Sig - nore. lau-da - to sii.
Strophe
G
1. Sei ge - prie - sen für al - le dei - ne Wer - ke! Sei ge -
e
prie - sen für Son - ne, Mond und Ster - ne! Sei ge -
C
prie - sen für Meer und Kon - ti - nen - te! Sei ge -
D
1. - 8.
9. und Anschl. an Refrain
prie-sen, denn du bist wun-der - bar, Herr! wun-der - bar Herr!

■ Sucht in einem Liederbuch nach weiteren Strophen des Sonnengesangs des heiligen → Franziskus oder dichtet selbst neue Strophen hinzu.

■ Findet weitere Lieder, die zum Thema „Schöpfung“ passen, und erstellt eine kleine Liedsammlung.

■■ Beschreibt, welche Haltung der Mensch in diesem Lied gegenüber Gott und den Geschöpfen einnimmt und beachtet das auch bei euren eigenen Strophen.

Preise den Herrn, meine Seele!
Du lässt Quellen sprudeln in Bäche,
sie eilen zwischen den Bergen dahin.
Sie tränken alle Tiere des Feldes,
die Wildesel stillen ihren Durst.
Darüber wohnen die Vögel des Himmels,
aus den Zweigen erklingt ihr Gesang.
Du tränkst die Berge aus deinen Kammern,
von der Frucht deiner Werke wird die Erde satt.
Du sendest Finsternis und es wird Nacht,
dann regen sich alle Tiere des Waldes.
Wie zahlreich sind deine Werke, Herr.

Ps 104,10–13.20.24a

■
Lies den ganzen Psalm 104 in der Bibel
nach.

■
Wähle einige Verse aus dem Psalm aus
und male Bilder dazu. Fertige aus den
Bildern ein Leporello an.

■
Macht aus dem Text von Dietrich Steinwede einen Sprechgesang (Rap). Ihr
könnt mit eurem Körper dazu Musik
machen (klatschen, schnippen, stampfen
etc.).

■
Wofür bist du Gott dankbar? Bei welchen
Gelegenheiten willst du danken? Du
kannst selbst ein Dankgebet schreiben
oder ein Dankgebet aus dem Gotteslob
in dein Heft abschreiben.

■
Welche anderen Formen fallen dir ein,
um Gott „danke" zu sagen für das Gute
in deinem Leben?

Auch ich kann beten:
Gott, ich danke dir,
dass ich aus dem Leib meiner Mutter
hervorgekommen bin,
dass ich so wunderbar gemacht bin.
Ich kann atmen und sehen
und hören und schmecken
und lernen und spielen
und arbeiten.

Dass ich springen darf und mich freuen –
ich danke dir!
Dass ich spielen darf und mich freuen –
ich danke dir!
Dass ich tanzen darf und mich freuen –
ich danke dir!
Dass ich singen darf und mich freuen –
ich danke dir!
Dass ich träumen darf und mich freuen –
ich danke dir!

Dass ich lieben darf und mich freuen –
ich danke dir!

Dietrich Steinwede

In jeder Eucharistiefeier wird für die Früchte des Feldes und
der menschlichen Arbeit gedankt. Als besonderes Zeichen
feiern Christen am 1. Sonntag im Oktober das →Erntedankfest,
bei dem der Altar mit diesen Früchten geschmückt wird.
Ihr könnt selbst einen Dankgottesdienst feiern. Überlegt, was
ihr dafür vorbereiten müsst:

⊚ Schmuck für den Altar aus Blumen, Früchten, Fotos,
⊚ Danklieder (Gotteslob, andere Liederbücher),
⊚ geeignete Texte (z.B. Psalm 104) wählen,
⊚ Einladungen an Mitschülerinnen und Mitschüler, Lehrkräfte,
   Eltern und Verwandte verteilen,
⊚ eine Sammlung für ein Projekt organisieren.

Unsere Erde bewahren, solidarisch sein

Sich für andere einsetzen

Bei der 72-Stunden-Aktion des →BDKJ setzen sich Hunderttausende junger Katholikinnen und Katholiken für ein gutes Zusammenleben ein. Sie wollen ein Zeichen für →Solidarität setzen und damit die Welt ein bisschen besser machen.

Überlege, was du gut kannst (werken, erklären, organisieren, anleiten, begeistern, ...) und verabrede dich mit Anderen zu einer Aktion, bei der ihr gemeinsam etwas Gutes tun könnt.

Aktion faire Kleidung

Die Kleidung, die wir tragen, wird oft in Asien hergestellt. Die Näherinnen und Näher arbeiten oft unter gefährlichen und gesundheitsschädlichen Bedingungen. Ihr Lohn ist meist so gering, dass sie nicht davon leben können. Doch es geht auch anders!

■
Recherchiert Projekte und Initiativen, die sich für die Verbesserung der Bedingungen in der Textilindustrie einsetzen. Beschreibt eines der Projekte.

■■
Recherchiert die Herkunft der Kleidungsstücke, die ihr tragt.

■■
Findet in eurer Stadt (oder im Internet) einen Laden, der Kleidung verkauft, die unter menschenwürdigen Umständen gefertigt wurde. Informiert euch über die Herstellung dieser Kleidung. Gestaltet eine Gegenüberstellung auf einem Plakat.

■■■
Veranstaltet z.B. bei einem Projekttag gemeinsam mit dem Bekleidungsgeschäft eine Modenschau mit fairer Kleidung.

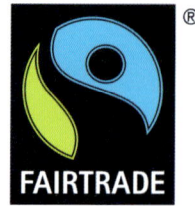

Certified Cotton

Alte Handys sammeln

Die Rohstoffe, die in Handys verarbeitet werden, sind selten und wertvoll. Sie werden v. a. in Zentralafrika unter oft schrecklichen Bedingungen im Bergbau gewonnen.

Allein in Deutschland gibt es über 80 Millionen alte Handys, die nicht mehr genutzt werden und die recycelt werden könnten. Stellt in eurer Schule eine Sammelbox für alte Handys auf. Die gesammelten Handys könnt ihr kostenlos an die Deutsche Umwelthilfe senden. Diese sorgt für das fachgerechte Recycling der Materialien oder die Wiederverwendung der Geräte. Informiert euch und eure Mitschülerinnen und Mitschüler über diese oder ähnliche Aktionen.

HA Schult, 2006

HA Schult ist ein Aktionskünstler, der weltweit Aufsehen erregt hat. Aktions-kunst ist nicht für die Dauer gemacht, sondern sie wird nur eine Zeit lang im öffentlichen Raum ausgestellt und soll die Passanten zum Nachdenken bringen. Das Werk „Trash-people" oder „Müllarmee" war 1996 erstmals in Paris zu sehen, dann wanderte es durch viele Städte der Welt, auch nach Kairo, Moskau und Peking.
2006 war es vor dem Kölner Dom zu sehen. Die Figuren sind der menschlichen Gestalt nachgebildet und bestehen aus Konservendosen und anderem Abfall.

■ Stellt euch vor, ihr könntet durch die Reihen der Müll-armee gehen und Plakate aufstellen. Erfindet Slogans, die Besucher dieser Installation aufrütteln könnten.

■ Über seine Homepage könnt ihr dem Künstler schrei-ben und Fragen zum Kunstwerk stellen. Schreibt ihm auch, welchen Eindruck es auf euch gemacht hat.

■ In Köln befindet sich das HA Schult-Museum. Lasst euch von dort Informationsmaterial schicken oder plant, wenn möglich, einen Besuch dort.

■ Plant mit eurer Klasse eine (Kunst-)Aktion, mit der ihr auf ein konkretes Umweltproblem aufmerksam macht, z. B. das Müllproblem.

Regeln zum Umgang mit Gottes Schöpfung

- Wenn du in Gottes Schöpfung eingreifst, sorge dafür, dass du nichts zerstörst, was zum Wohl der Natur, der anderen Lebewesen und der Menschen da ist.
- Willst du dir körperliche Anstrengung ersparen und stattdessen die Technik einsetzen, verwende die sparsamste Möglichkeit, Energie zu verbrauchen.

WWW.HANDWERK.DE

Am Anfang waren Himmel und Erde. Den ganzen Rest haben wir gemacht.

DAS HANDWERK
DIE WIRTSCHAFTSMACHT. VON NEBENAN.

- Vermeide Wegwerfartikel und Abfälle. Was wiederverwendet oder der Schöpfung zurückgegeben werden kann, trenne vom Müll.
- Das Abschalten elektrischer Geräte hilft, Energie zu sparen. Vermeide jeden Energieverbrauch, der keinen Nutzen bringt.
- Gehe mit Beleuchtung, Kühlung und Heizung maßvoll um.
- Achte auf ausgewogene, gesunde Ernährung. Wirf Lebensmittel nicht weg.
- Wirf Kleidung und Schuhe nicht einfach weg, sondern überlege dir, ob sie noch mal verwendet werden können.
- Nachhaltiger Umgang mit der Schöpfung heißt: Denke daran, dass nur das unerschöpflich ist, was Gottes Schöpfung jeden Tag neu gibt. Alles andere ist für immer verbraucht.

nach Hanno Sparbier-Conradus

Noch Fragen?

■
Überprüft und diskutiert jeweils die Folgen für die Natur und für die Menschen. Ihr könnt die Regeln auch umformulieren und ergänzen.

■
Bildet kleine Gruppen, wählt jeweils eine Regel aus und schreibt Verhaltensweisen dazu auf. Ideen könnt ihr auch im Internet, z.B. auf www.nureinewelt.de finden.

■■■
Das kann man auch anders verstehen! Die Handwerkerinnung ist mit ihrem Werbeplakat sicher auf Zustimmung aus. Es weckt aber auch kritische Stimmen. Nehmt Stellung dazu.

Du hast in diesem Kapitel verschiedene Projekte kennengelernt, die beispielhaft zeigen, wie ein gutes Leben für alle gelingen kann. Gibt es etwas, das du nach der Arbeit mit diesem Kapitel anders siehst als vorher? Vergiss nicht, deine offenen Fragen zu notieren.

Rupprecht Geiger, 1972

3 Von Gott sprechen

Erinnere dich!

- In der Bibel wird erzählt, welche Erfahrungen Jakob und Elija mit Gott gemacht haben.
- In der Bibel gibt es verschiedene Bilder von Gott.

Gott ist Liebe.
1 Joh 4,16b

Bildworte

Wie zahlreich sind deine Werke, Herr.
Ps 104,24

Vater unser, der du bist im Himmel

Worte mit doppeltem Sinn

Du bist mein Hirte, nichts wird mir fehlen. Du lässt mich lagern auf grünen Auen und führst mich zum Ruheplatz am Wasser. Du stillst mein Verlangen. Du leitest mich auf rechten Pfaden, treu deinem Namen. Muss ich auch wandern in finsterer Schlucht, ich fürchte kein Unheil: denn du bist bei mir.
Nach Ps 23

Gottesvorstellungen

Mein Gott, mein Gott, warum hast du mich verlassen?
Mk 15,34

Du sollst dir kein
Kultbild machen.
Ex 20,4

Vergleiche

Gott ist Licht und
keine Finsternis
ist in ihm.
1 Joh 1,5

Wie eine Mutter ihr Kind tröstet,
will ich euch trösten.
Jes 66,13

Bilderverbot

Eine feste Burg
ist unser Gott.
Martin Luther

Denn ich bin Gott, nicht ein Mensch.
Hos 11,9

„Ich glaube nicht an Gott, denn ich kann nur etwas
glauben, was ich sehen, fühlen und hören kann.
Gott kann man nicht sehen!"
Schüler, 17 Jahre

Erfahren und lernen:

- ⊚ Gott in Bildern und Symbolen beschreiben,
- ⊚ Bildworte von Gott und seine biblischen
  Namen deuten,
- ⊚ Möglichkeiten und Schwierigkeiten
  beschreiben, Gott darzustellen,
- ⊚ biblische Texte als Glaubenserfahrung
  verstehen,
- ⊚ den Glauben an die Dreieinigkeit beschreiben.

Ein Interview durchführen

Bei einem Interview stellt ihr einer Person Fragen zu einem oder unterschiedlichen Themen. Durch die Antworten könnt ihr etwas über die Person und ihre Ansichten erfahren. Befragt Menschen in eurer Umgebung z.B. nach ihren Vorstellungen von Gott.

■ Bildet Zweier- oder Dreiergruppen.

■ Formuliert 5 bis 10 Fragen und schreibt sie auf.

■ Besorgt euch ein Aufnahmegerät (z.B. Mobiltelefon), um die Gespräche aufzuzeichnen. Ihr könnt die Antworten stattdessen auch mitschreiben.

■ Befragt Freunde, Familienmitglieder, Mitschüler, Lehrer etc.

■ Wertet die Antworten aus und präsentiert die Ergebnisse mit Tabellen und Zitaten z.B. auf einem Plakat.

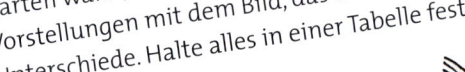

Vorstellungen von Gott entwickeln sich

■ In diesem Kapitel findest du einige Vorstellungen, die sich Menschen von Gott machen. Welche Vorstellung von Gott hast du? Wer oder was hat deine Vorstellung beeinflusst? Male ein Bild oder schreibe einen Text.

■■ Erinnere dich, wie du dir Gott früher vorgestellt hast, z.B. als du im Kindergarten warst, als du zur Erstkommunion gingst etc. Vergleiche diese Vorstellungen mit dem Bild, das du heute von Gott hast. Nenne die Unterschiede. Halte alles in einer Tabelle fest.

Ein Gott-Plakat gestalten

Ich glaube an Gott, weil ...
Ich glaube nicht an Gott, weil ...
Gott stelle ich mir vor wie ...
Wenn ich das Wort Gott höre, denke ich an ...
Wähle einen oder zwei Satzanfänge aus und
führe den Satz auf einem Papierstreifen fort.
Du kannst auch ein Bild malen. Gestaltet aus
den Sätzen und Bildern gemeinsam ein Plakat.
Schaut es euch in Ruhe an und tauscht euch
darüber aus.

Eine biblische Geschichte im Erzähltheater zeigen

Bildet Gruppen und wählt z.B. eine
Geschichte von Mose oder Abraham aus, die
ihr nacherzählen wollt. Lest die Geschichte
in der Bibel nach. Überlegt, welche Szenen
für die Geschichte wichtig sind.
Malt jede Szene auf ein Blatt Papier.
Erzählt die Geschichte nach und schreibt
den Text auf.
Bei der Aufführung des Erzähltheaters liest
eine/r den Text vor, eine/r tauscht passend
zur Erzählung die Bilder aus.
Erzählt euch gegenseitig eure Geschichten.
Besprecht die unterschiedlichen Deutungen
der Geschichten.

Fragen über Gott sammeln

Das Nachdenken über Gott weckt im Menschen
seit jeher viele Fragen: Wer hat Gott erschaffen?
Wird Gott nie sterben? Wieso heißt Gott Gott?
Kann Gott eine Kiste schaffen, von der er selbst
nicht weiß, was darin ist? Usw.
Welche Fragen hast du? Schreibe sie auf Zettel.
Klebt alle Zettel auf ein Plakat. Stimmt ab,
über welche Frage ihr in der nächsten Stunde
diskutieren wollt.

Gott in aller Munde

„Ach, du lieber Gott!"
„Na ja, mein Gott!"
„Um Gottes willen!"
„In Gottes Namen"
„O Gott"

■ Der Name Gott fließt oft oberflächlich
und gedankenlos in unsre Rede ein.
Was meinen die Leute, wenn sie so
reden?

■ Ihr könnt einen dieser Ausdrücke zum
Anlass nehmen, um daraus ein Gebet
zu formulieren, aus dem die eigentliche
Bedeutung hervorgeht.

Von Gott begleitet – Abraham und Sara

Die →Bibel erzählt im Buch Genesis von Abraham und seiner Frau Sara und ihren Begegnungen mit Gott. Gott ruft Abraham aus seinem Heimatland und seiner Familie heraus und schickt ihn auf einen unbekannten Weg in ein fremdes Land. Er verspricht Abraham und Sara, dass sie dort zu Stammeltern eines großen Volkes werden. Abraham und Sara lassen sich auf Gott ein, aber sie müssen lange warten, bis Gott ihnen einen Sohn, Isaak, schenkt. Isaak wird der Stammvater des jüdischen Volkes, und die Versprechen Gottes an Abraham gelten noch heute.

Die wichtigsten Geschichten von Abraham und Sara in der Bibel findet ihr im Buch Genesis:

Gen 12,1–9	Gen 17,1–8
Gen 13,14–18	Gen 18,1–15
Gen 15,1–7	Gen 21,1–8

Wie sind diese Geschichten entstanden?

Man weiß nicht, wer die Erzählungen von Abraham und Sara zum ersten Mal erzählt hat. Aber man erzählte sie von Generation zu Generation weiter: Geschichten von vergangenen Zeiten und Erinnerungen an die Verheißungen, die Gott Abraham und Sara, Isaak und Jakob und seinen Söhnen gegeben hatte. Das Volk Israel war sich sicher: „So hat es mit unserem Volk angefangen: Wir können dem Gott Abrahams und Saras vertrauen, dass er seine Versprechen hält."

Warum wurden die Geschichten aufgeschrieben?

Schließlich haben einige die Geschichten aufgeschrieben, damit sie nicht vergessen werden, denn sie halfen ihnen, Gott besser zu verstehen und zu erkennen, wie er seinem Volk nahe ist.

Warum sind die Geschichten für uns wichtig?

Es ist also nicht ganz klar, ob sich die Geschichten von Abraham und Sara ganz genau so abgespielt haben, wie wir sie jetzt in der Bibel lesen. Trotzdem sind sie „wahr", enthalten wichtige Wahrheiten über Gott und Erfahrungen, die das Volk →Israel mit Gott gemacht hat, z.B.: „Unser Gott ist ein Gott, der für uns da ist. Er vergisst uns nicht, wir können uns auf ihn verlassen. Er hält zu uns!" Und das bleibt wahr.

Früher haben die Menschen um das Feuer gesessen und sich Geschichten erzählt. Das könnt ihr ähnlich machen: Bildet Gruppen und wählt je eine Abraham-Geschichte aus. Lest eure Geschichte zuerst durch. Überlegt, ob ihr sie zusammen nacherzählen oder mit verteilten Rollen vorlesen oder spielen wollt.

Wenn ihr mit den Vorbereitungen fertig seid, setzt euch wie in einem alten Theater im Halbkreis zusammen. Schreibt eine selbst ausgedachte Überschrift an die Tafel und erzählt, lest oder spielt die Geschichten nacheinander vor. Bringt sie zunächst in eine sinnvolle Reihenfolge.

Wiener Genesis, 6. Jahrhundert

Falte ein quadratisches Blatt Papier zweimal diagonal, indem du die Ecken aufeinanderlegst. Schneide von der Spitze ein Stück von 2 cm ab. So entsteht ein Rahmen von etwa 4 × 4 cm.

- Betrachte das Bild oben mit diesem Rahmen und verschiebe ihn so, dass du nur die Hände Abrahams siehst. Lass den Rahmen zwei Minuten liegen und schreibe in Stichworten auf, was dir zu diesem Ausschnitt einfällt.

- Verschiebe nun den Rahmen so, dass du nur die obere Hand siehst. Schau auch hier zwei Minuten hin und schreibe wieder auf, was dir zu diesem Ausschnitt durch den Kopf geht.

- Verschiebe den Rahmen ein drittes Mal, und betrachte das Gesicht Abrahams. Was könnte er gerade denken? Schreibe diese Gedanken in eine Sprechblase auf den Rahmen.

Namen für Gott im Alten Testament

Jahwe

→ Jahwe ist der Name Gottes bei den Israeliten. In der Erzählung vom brennenden Dornbusch (Ex 3,14) fragt Mose Gott nach seinem Namen. Gott offenbart sich als Jahwe. Das kann man übersetzen mit: „Ich bin für euch da" oder: „Ich bin der, der ich (für euch) da sein werde". Der Name sagt, dass Gott der ist, der schon da war, als er sein Volk aus Ägypten rettete, der jetzt und heute für uns da ist und in alle Zukunft für uns da sein wird. Das Wort Jahwe ist auch in dem Namen Jesus enthalten. Jesus kommt von Jeschua und bedeutet „Jahwe ist Heil".
In hebräischen Schriftzeichen wird der Name so geschrieben:

יהוה JAHWE

Marc Chagall, 1966

Die wichtigsten Geschichten von Mose in der Bibel sind: Ex 1,8–14; Ex 1,15–2,10; Ex 2,11–14; Ex 2,15–22; Ex 2,23–3,17; Ex 4,10–12; Ex 13,17–14,31.
Bildet Gruppen und wählt pro Gruppe eine der Geschichten über Mose und das Volk Israel aus. Lest euren Text aufmerksam durch und klärt Verständnisfragen. Entwickelt zu eurem Text ein Rollenspiel. Spielt euch die verschiedenen Geschichten der Reihe nach vor. Ihr könnt die Geschichten auch für ein Erzähltheater bearbeiten (siehe *Ideenseite 41*).

■■ Stellt drei Fragen zu diesen Geschichten. Jede Gruppe beantwortet die Fragen zu ihrer Geschichte.

■■ Vergleiche das Bild von Mose vor dem brennenden Dornbusch mit dem auf *Infoseite 146*. Was fällt dir auf? Welches spricht dich mehr an? Begründe deine Wahl.

Andere Namen

Das Volk Israel hat in verschiedenen Lebenslagen und über viele Jahrhunderte hinweg auf Gott vertraut, von ihm gesprochen und ihn mit vielen Namen angesprochen. Deswegen haben Propheten und Gottesgelehrte im Lauf der Zeit immer wieder neue Namen von Gott in die biblischen Bücher eingetragen. Besonders viele davon stehen im Buch Jesaja, z.B.:

■■■
Wählt einen oder mehrere dieser Gottesnamen aus und denkt euch dazu eine Situation, in der das Volk Israel diesen Namen verwendet haben könnte.

■■
Manche dieser Gottesnamen haben auch für uns heute noch Gültigkeit. Du kannst dir einen davon aussuchen und damit einen Satz formulieren, mit dem du Gott ansprichst, z.B. „Ich nenne dich ..., weil ...“

■
Wähle einen Gottesnamen aus und schlage im Buch Jesaja den Satz nach, in dessen Zusammenhang er steht. Schreibe ihn in Schönschrift auf ein Blatt Papier und gestalte es künstlerisch.
Ihr könnt eure Blätter dann an der Oberkante lochen und z.B. auf eine Schnur auffädeln und das Klassenzimmer damit gestalten oder ein Leporello machen.

Heiliger
Jes 5,16

Gott ist mein Heil
Jes 12,2

Wunderbarer Ratgeber, Starker Gott, Vater in Ewigkeit, Fürst des Friedens
Jes 9,5

Höchster
Jes 14,14

Der Herr ist ein ewiger Gott
Jes 40,28

Immanuel (Gott mit uns)
Jes 7,14

Gott des Himmels und der Erde
Jes 42,5; 45,18

Ich bin der Erste, ich bin der Letzte
Jes 44,6

Der Gott Israels
Jes 17,6; 41,17

Der Herr dein Schöpfer, der dich im Mutterleib geformt hat
Jes 44,2

Ich bin Gott und sonst niemand
Jes 46,9

Der Herr, euer Erlöser
Jes 43,14

Verborgener Gott
Jes 45,15

Gott der ganzen Erde
Jes 54,5

Herr, unser Vater
Jes 64,7

Dein Gott ist König
Jes 52,7

Der Herr ist dein ewiges Licht
Jes 60,19.20

Der dreieine Gott: Vater, Sohn, Heiliger Geist

Das Gebet, das viele wohl als erstes lernten, ist das Kreuzzeichen. Es ist die Zusammenfassung und das Bekenntnis des christlichen Gottesglaubens. Wenn Christinnen und Christen das Kreuzzeichen machen, bekennen sie den dreifaltigen Gott:
Im Namen des Vaters – Gott, wie ein guter Vater *über* uns –
und des Sohnes – Jesus, unser Bruder, Gott *mit* uns –
und des Heiligen Geistes – der Heilige Geist, Gottes Kraft und Liebe *in* uns.
Menschen haben immer wieder versucht, das Geheimnis der Dreieinigkeit zu verstehen und darzustellen, z.B. mit Dreieck und Kreis als →Symbole. Der Kreis hat keinen Anfang und kein Ende, er ruht in sich und kann sich trotz-

dem kreisend bewegen. Auf dem Bild *Titelseite 37* siehst du eine kreisähnliche Form, leuchtend gelb, wie der Schein einer Sonne. Die Fläche innen ist grau – Gott, der Ursprung des Lichtes, ist unsichtbar. Wir spüren aber seine Energie. Anders das Bild auf *Deuteseite 47*. Es zeigt ein Feuerrad, im Inneren den Menschen und seine Welt. Das Rad trägt das Gesicht von Gott Sohn und Gott Vater. Das Wehen des Geistes bringt Leben in die Welt. – Gott wird sichtbar durch das, was er geschaffen hat. Er umfängt die ganze Welt und trägt sie gleichzeitig in seinem Inneren.

> *Wie ein Kreis das einschließt,*
> *was in ihm verborgen ist,*
> *so schließt auch Gott alles in sich –*
> *und übertrifft doch alles.*
> Hildegard von Bingen

■
Entdecke die Einzelheiten auf dem Bild rechts: Welche Lebewesen findest du? Wie sind die vier Elemente (Erde, Wasser, Luft, Feuer) dargestellt? Wie wird Gottes Zuwendung zur Welt ausgedrückt?

■
Suche Darstellungen vom dreifaltigen Gott in deiner Umgebung, in der Kirche etc. Dokumentiere deine Funde mit einem Foto oder einer Beschreibung.

■■
Die Reliefs links verbinden die Symbole Kreis und Dreieck. Was sagen sie über den dreieinen Gott aus?

■■■
Erkläre, inwiefern das Kreuzzeichen eine Kurzform des →Glaubensbekenntnisses ist. Recherchiere die Bedeutung der Gesten beim Kreuzzeichen.

Nach einer Vision der Hildegard von Bingen, Liber Divinorum Operum, 1163–73

Sich ein Bildnis machen

Wenn wir von Gott sprechen, können wir das immer nur mit unserem begrenzten Verstand und unserer menschlichen Sprache tun. Wir können nie erfassen, wie er wirklich ist, denn er ist immer größer und anders, als wir es uns vorstellen können. Wenn wir von ihm sprechen, verwenden wir deshalb oft bildhafte Vergleiche, die wir aus unserer menschlichen Erfahrung kennen. Die Kirche hat bei einem →Konzil im 13. Jahrhundert dazu folgende Feststellung gemacht:

> *Zwischen Schöpfer und Geschöpf lässt sich keine so große Ähnlichkeit feststellen, dass zwischen ihnen nicht noch eine größere Unähnlichkeit festzustellen wäre.*
>
> IV. Laterankonzil, 2. Canon

Wenn die Bibel von Gott spricht, verwendet sie ebenfalls Bilder und Vergleiche, z.B. eine Burg, ein Fels, ein Adler, ein Hirte, eine Mutter, die ihr Kind umsorgt. Später haben Gottesgelehrte sogar widersprüchliche Vergleiche für Gott verwendet. Sie spürten: er ist unser Urgrund, aber er bleibt doch unergründlich; er ist unser Licht, aber er bleibt doch verborgen. Deswegen nannten sie ihn „der unergründliche Grund" oder das „überhelle Dunkel".

■ Schreibe auf, wie du die Feststellung des Konzils verstehst, und tausche dich mit einem Partner aus.

■ Sammle Bilder für Gott. Viele Vergleiche findest du zum Beispiel in Ps 23,1; Ps 27,1 und Ps 31,3. Verfasse selbst weitere Vergleiche.

■ Stellt die Bilder und Vergleiche künstlerisch dar. Macht mit euren Werken eine Ausstellung „Unsere Bilder von Gott".

■ Schau das Bild auf der *Titelseite 37* eine Weile an und lass die Farben auf dich wirken. Nimm ein weißes Blatt, leg es auf das Bild, zeichne mit einem Bleistift den Innenrand der gerundeten Form nach und schneide die Form dann aus. Welche Farbe willst du ihr geben? Lege deine Form auf das Bild im Religionsbuch. Was hat sich verändert? Der Maler Rupprecht Geiger ist ein Meister der Farbe. Konnte er mit seinem Bild etwas von Gott ausdrücken? Begründe deine Meinung.

■■ Welchen Zusammenhang mit dem Verbot, sich ein Bild von Gott zu machen, siehst du?

■■■ Recherchiere, wie im Judentum und im Islam von Gott die Rede ist, und vergleiche. Lies dazu z.B. auf *Infoseite 145*.

Elija am Horeb

Dort ging er in eine Höhle, um darin zu
übernachten. Doch das Wort des Herrn
erging an ihn: Was willst du hier, Elija?
Er sagte: Mit leidenschaftlichem Eifer
bin ich für den Herrn, den Gott der
Heerscharen, eingetreten, weil die
Israeliten deinen Bund verlassen, deine
Altäre zerstört und deine Propheten mit
dem Schwert getötet haben. Ich allein
bin übrig geblieben und nun trachten
sie auch mir nach dem Leben. Der Herr
antwortete: Komm heraus und stell
dich auf den Berg vor den Herrn!
Da zog der Herr vorüber: Ein starker,
heftiger Sturm, der die Berge zerriss
und die Felsen zerbrach, ging dem

Stefano da Verona

Herrn voraus. Doch der Herr war nicht im Sturm. Nach dem Sturm kam
ein Erdbeben. Doch der Herr war nicht im Erdbeben. Nach dem Beben
kam ein Feuer. Doch der Herr war nicht im Feuer. Nach dem Feuer kam
ein sanftes, leises Säuseln. Als Elija es hörte, hüllte er sein Gesicht in den
Mantel, trat hinaus und stellte sich an den Eingang der Höhle.   1 Kön 19,9–15

Mit raschen Strichen hat der Maler Stefano da Verona
diesen Propheten gezeichnet. Sein ganzer Körper ist
geformt wie eine Ohrmuschel. Man kann sagen: „Er ist
ganz Ohr.“

■
Stellt eine Beziehung her zum Text über den
Propheten Elija. Erzählt, was er erlebt.

■■
Stellt euch vor, Elija predigt den Menschen von Gott.
Welche Vorstellung von Gott möchte er ihnen wohl

vermitteln? Vor welchen Vorstellungen wird er seine
Hörer warnen? Verfasst selber eine solche Predigt, die
ihr später auch vor der Klasse halten könnt. Wenn sich
in eurer Nähe eine Kirche befindet, könnt ihr den Pfarrer bitten, diese Predigt dort halten zu dürfen.

■
Die Figur des hörenden Propheten könnt ihr selbst
nachstellen. Hüllt euch in eine Decke oder ein großes
Tuch ein und fotografiert euch gegenseitig.
Alternativ könnt ihr entsprechende Figuren malen.

Gottesbilder im Laufe der Zeit – eine Ausstellung

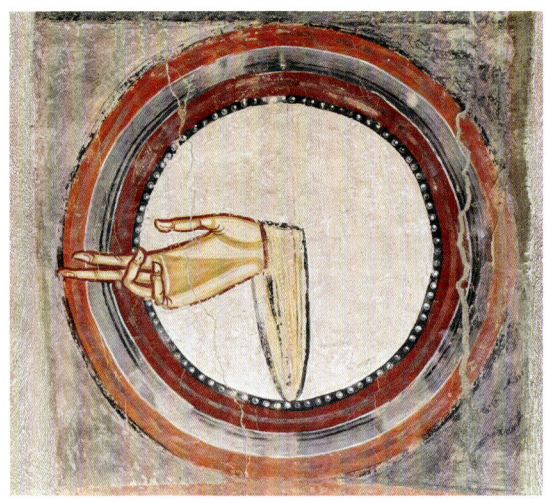

um 1000 n.Chr.

um 1200 n.Chr.

Fra Bartolommeo, um 1500 n.Chr.

Im Namen des Vaters und des Sohnes und des Heiligen Geistes

Franz Sattler, um 2000 n.Chr.

→Bilderverbot

Das Judentum scheut sich, Gott im Bild darzustellen. Die Juden halten sich an das Gebot: „Du sollst dir kein Gottesbild machen" (Ex 20,4). Damit wollten sich die Israeliten vom Glauben der Nachbarvölker abgrenzen, die ihre Götter in Bildern und Statuen verehrt haben. Die Geschichte vom Goldenen Kalb (Ex 32) zeigt, wie schwer es den Israeliten gefallen ist, das Bilderverbot einzuhalten. Auch im Islam herrscht ein Bilderverbot. Darum sind →Moscheen nur mit Verzierungen, z.B. Pflanzenmotiven oder geometrischen Mustern und besonders mit kunstvollen Schriftzügen, reich geschmückt.

Die frühe Kirche hat sich an das Bilderverbot gehalten. Erst im 8. Jahrhundert wurde auf einem Konzil geklärt, dass Jesus Christus als Mensch das sichtbare Bild Gottes ist und deshalb im Bild dargestellt werden darf. Wer ihn sieht, sieht den Vater. Ob auch Gottvater im Bild dargestellt werden darf, ist dagegen nicht eindeutig geklärt. Über tausend Jahre gab es keine Gottvater-Bilder.

Bilderstreit

In der Geschichte der Christenheit tauchte immer wieder die Frage auf, ob man Jesus Christus und die Heiligen bildlich darstellen und diese Bilder verehren darf oder ob das schon Götzendienst ist. Darüber wurde heftig gestritten und sogar Krieg geführt. Manche Kaiser ordneten die Entfernung und Zerstörung der Bilder an. Als Reaktion darauf wurden die „Bilderfeinde" vom Papst aus der Kirche ausgeschlossen. Der letzte große „Bildersturm" ereignete sich in der Zeit der Reformation im 16. Jahrhundert. Dabei wurden viele Kunstwerke zerstört. Die katholische Kirche hat vom 8. Jahrhundert an die Bilderverehrung zugelassen. Dabei muss man unterscheiden: Wenn Menschen vor einem Bild beten, verehren sie nicht das Bild als Bild, sondern das Bild unterstützt sie, ihre Gedanken zu sammeln und zu Gott zu beten. Das Bild kann an Gottes Taten erinnern, so wie ein Erinnerungsfoto an einen lieben Menschen erinnert. Das Bild verweist dann auf Gott, der sich durch Jesus Christus gezeigt hat.

⊙ Plant eine Ausstellung mit Gottesbildern. Dafür braucht ihr viele Bilder aus Büchern oder aus dem Internet. Teilt die Bilder ein in
  • Symbole für Gott,
  • Gottesbilder mit dem Gesicht von Jesus, Darstellungen von Christus,
  • Gottesbilder mit dem Gesicht eines weißhaarigen, bärtigen älteren Mannes,
  • abstrakte Gottesbilder.
⊙ Schreibt für jedes Bild eine Karte mit Informationen zum Künstler, Titel, Entstehungsjahr, Technik etc. Hängt die Karten jeweils neben das Bild.

⊙ Verfasst Bildbeschreibungen und stellt sie zu einer Broschüre zusammen.
⊙ Bereitet eine Eröffnungsfeier vor, zu der ihr Mitschüler und Mitschülerinnen, Lehrkräfte und auch Eltern und Verwandte einladet.
⊙ Entwickelt eine Führung durch die Ausstellung. Dabei könnt ihr auch etwas über das Bilderverbot der Bibel und den Bilderstreit erzählen. Am Ende der Führungen bekommen die Teilnehmerinnen und Teilnehmer ein Blatt Papier und Stifte und können ihr eigenes Gottesbild gestalten und es an einer „Mitmachwand" aufhängen.

Nada te turbe

T: Teresa von Avila/M: Jacques Berthier
© Ateliers et Presses de Taizé, F-71250 Taizé-Communauté

Na-da te tur-be   na-da te_es-pan-te; quien a Dios tie-ne   na-da le fal-ta.

Na-da   te tur-be   na-da te_es-pan-te;   só-lo Dios   ba-sta

Übersetzung: Nichts verwirre dich, nichts erschrecke dich; wer Gott besitzt, dem fehlt nichts. Gott allein genügt.

■ Ein Gott, der mit mir geht, ist auch ein Gott, den ich immer wieder ganz anders sehe und verstehe.
Damit du dich einmal daran erinnern kannst, wie du heute gedacht hast: Schreibe dir selbst einen Brief in die Zukunft, in dem du beschreibst, was und wie du heute über Gott denkst und wie du ihn dir vorstellst. Welche Fragen hast du?
Schreibe auf den Umschlag deinen Namen und gib den Brief deiner Religionslehrerin/deinem Religionslehrer. Er/sie wird ihn aufbewahren und ihn dir in der 10. Klasse schicken.

■ Blättere das Kapitel noch einmal durch und suche dir das Bild oder Sprachbild für Gott aus, das dich am meisten anspricht. Überlege dir, was dieses Bild über deine Beziehung zu Gott aussagt.

■■ Beschreibe deine Beziehung zu Gott oder drücke sie in einem Bild aus. Daraus kann auch ein Gebet entstehen. Ihr könnt eure Gebete und Bilder zu einem Leporello zusammenkleben.

Noch Fragen?

Werner Berg, 1965

4 Mit Gott sprechen

Erinnere dich!

- Geschichten über Abraham und Mose
- Menschen machen unterschiedliche Erfahrungen mit Gott und haben verschiedene Bilder von Gott.
- Ein besonderes Lobgebet: der Sonnengesang des heiligen Franziskus.

Sprechen mit Gott und Handeln gehören zusammen.

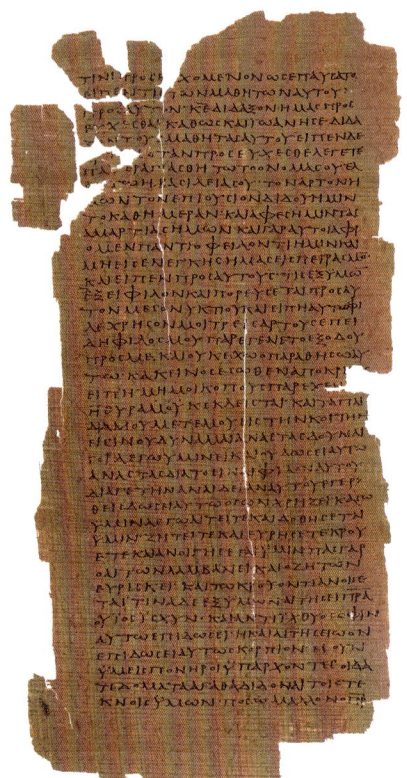

Seite des sogenannten Hanna-Papyrus mit der ältesten erhaltenen Handschrift des Vaterunsers, ca. 3. Jahrhundert

Der Meister versammelt seine Jünger und fragt sie: „Wo ist der Anfang des Gebetes?" Der Erste antwortet: „In der Not. Denn wenn ich Not empfinde, dann wende ich mich wie von selbst an Gott." Der Zweite antwortet: „Im Jubel. Denn wenn ich juble, dann hebt sich die Seele aus dem engen Gehäuse meiner Ängste und Sorgen und schwingt sich auf zu Gott." Der Dritte: „In der Stille. Denn wenn alles in mir schweigend geworden ist, dann kann Gott sprechen." Der Vierte: „Im Stammeln eines Kindes. Denn erst wenn ich wieder werde wie ein Kind, wenn ich mich nicht schäme, vor Gott zu stammeln, ist er ganz groß und ich bin ganz klein, und dann ist alles gut." Der Meister antwortet: „Ihr habt alle gut geantwortet. Aber es gibt noch einen Anfang, und der ist früher als alle jene, die ihr genannt habt. Das Gebet fängt bei Gott selbst an. Er fängt an, nicht wir."

Klaus Hemmerle

Ora et labora. (Bete und arbeite.)

Erfahren und lernen:

- Menschen wenden sich in verschiedenen Situationen an Gott.
- Gebete und Rituale sind eine Möglichkeit, mit Gott in Kontakt zu treten.
- Es gibt viele Menschen, die Vorbild sein können für ein Leben mit Gott.

Ein Gebet schreiben

Manchmal ist das Beten wie eine Reise nach innen. Gedanken und Gefühle, Worte und Bilder werden dann freigelegt, die in der Hektik des Tages oft verschüttet sind. In Gebeten können sie zur Sprache kommen. Ein solches Gebet ist ein besonderer Schatz.

Nimm dir Zeit, um still zu werden. Ziehe dich, wenn möglich, an einen ruhigen Ort zurück. Nimm dein Heft oder Tagebuch und notiere deine Gedanken. Wofür möchtest du danken? Worum bitten? Du kannst auch klagen oder jubeln. Schreibe dein ganz persönliches Gebet. Du darfst es natürlich für dich behalten.

Anlässe zum Beten

Zu welchen Gelegenheiten sprechen Menschen ein Gebet? Welche Anlässe gibt es, welche besonderen Zeiten, Situationen, Erlebnisse usw. Notiert die Anlässe und ordnet die Klassengebetssammlung nach den Anlässen. Falls ihr nicht alle zuordnen könnt, findet eine neue Rubrik für die übrigen Gebete.

Gebete ändern sich

Nicht nur die Vorstellung von Gott verändert sich im Laufe eines Lebens, sondern auch die Art und Weise, wie du mit Gott sprichst. Tausche dich mit deinem Banknachbarn/deiner Banknachbarin aus. Erstellt eine Tabelle und vergleicht eure Haltungen.

Gebete, die ich kenne ...

Nimm ein Blatt und notiere die Gebete, die du kennst. Kannst du eines auswendig? Wer hat es dir beigebracht? Schreibe es auf ein Blatt und gestalte es schön. Legt eine Sammlung aller Gebete eurer Klasse in einem Ordner oder einem Heft an.

Interview zum Thema Beten

Frage Menschen in deiner Umgebung danach, ob und wann sie beten, ob sie lieber frei beten oder erlernte Gebete sprechen, wann sie zuletzt gebetet haben …
Beachte dabei die Interview-Regeln, die du gelernt hast (S. 40). Werte die Antworten aus und präsentiere die Ergebnisse vor der Klasse.

Meditieren üben

Wer beten will, muss abschalten können und in seinem Leib zu Hause sein. Einfache Übungen können dabei helfen:

■ Nimm eine Haltung ein, bei der du mindestens zwei Minuten stillsitzen kannst.

■ Atme ruhig und geräuschlos aus. Das Bild auf *Titelseite 53* kann dir dabei helfen. Spüre dein Körpergewicht.

■ Versetze dich in Gedanken auf eine Wiese, in einen Wald, an ein Ufer oder an einen anderen schönen Ort und mache dort eine Fantasiereise. Höre z.B. Vögel singen, Bienen summen, Bäume rauschen, spüre das Gras unter den Füßen …

Wie beten?

■ Beten kann man auf viele verschiedene Weisen. Manche sprechen lieber Gebete nach, die sie gelernt haben, andere beten frei, d.h. mit eigenen Worten. Welche Form bevorzugst du? Gibt es Situationen, in denen eine Form besser passt als die andere? Tausche dich mit deinem Banknachbarn/deiner Banknachbarin aus und begründe deine Haltung.

■■ Recherchiere, welche Gebete es im Islam und im Judentum gibt. Beschreibe sie und vergleiche sie mit Gebetsformen im Christentum. Lege dafür eine Tabelle an.

Mehr als Worte

Worte können einfach so dahingesprochen werden, ohne viele Gedanken, ohne Folgen. Das kennen wir alle aus dem Alltag. Doch kennen wir auch das Gegenteil: Wenn uns jemand sagt, er sei unser Freund, erhoffen wir uns von diesen Worten Taten. Schreibe auf, was du als Taten erhoffst, wenn jemand sagt, er sei dein Freund.
Welche Taten könnten aus Gebeten folgen? Notiere hierzu deine ersten Gedanken.

Beten, wie Jesus uns zu beten gelehrt hat

Vater unser im Himmel, geheiligt werde Dein Name. Dein Reich komme. Dein Wille geschehe wie im Himmel so auf Erden. Unser tägliches Brot gib uns heute. Und vergib uns unsere Schuld, wie auch wir vergeben unsern Schuldigern. Und führe uns nicht in Versuchung, sondern erlöse uns von dem Bösen. Amen.

A.D. 4·X·1971

Das Vaterunser ist das Grundgebet der gesamten Christenheit. Jesus selbst hat es die Menschen gelehrt. Der Evangelist Matthäus hat es in der →Bergpredigt überliefert (Mt 6,9–13). Schon bei den →Urchristen war es ein wichtiger Bestandteil des Gottesdienstes. Auch heute hat es einen festen Platz in der Heiligen Messe. Dort wird es von allen Anwesenden gemeinsam gesprochen. Man kann es auch mit Gesten und Bewegungen beten.

■ Du kannst das Vaterunser mit deinem Körper beten. Probiere selbst aus, welche Geste, welche Körperhaltung passt. So findest du deinen eigenen Ausdruck.

■ Schreibe das Vaterunser in einen Schmuckrahmen. Hebe die Worte, die dir wichtig sind, durch eine besondere Gestaltung hervor.

■ Du kannst die Vaterunser-Bitten auch in Bildern oder Collagen darstellen. Finde Bilder, die einen Zusammenhang herstellen zwischen dem Vaterunser und der Welt, in der wir leben.

■■ Lies das Vaterunser aufmerksam durch. Beschreibe das Gottesbild des Gebetes.

■■ Welche anderen Grundgebete und Glaubenstexte der Christen kennt ihr? Recherchiert weiter, z.B. im Gotteslob. Seht in eurer Klassengebetssammlung nach, ob sie die Gebete enthält. Nehmt sie noch auf, falls sie fehlen.

■ Finde drei Adjektive für das Foto auf dieser Seite. Erzähle,
warum du sie gewählt hast und wie das Foto auf dich wirkt.

■■ Beten ist auch mit einer (Körper-)Haltung verbunden.
Warum nehmen Betende bestimmte Körperhaltungen ein?
Nenne mögliche Gründe.

■■ Welche Gebetshaltungen kennt ihr? Sammelt Beispiele und
diskutiert, was sie ausdrücken könnten. Legt eine Tabelle an.

Innerlich beten

Die heilige → Teresa von Avila (1515–1582) gilt in der Kirche als größte Lehrmeisterin des Gebets. Dabei hatte sie anfangs ein ziemlich oberflächliches Leben geführt. Teresa liebte Zerstreuungen und ließ keine Gelegenheit aus, um sich mit Freunden und Verwandten die Zeit zu vertreiben. Als sie mit 20 Jahren ins → Kloster eintrat, war das nichts Besonderes. Das taten damals in Spanien viele junge adelige Mädchen, um gut versorgt zu werden. Doch eines Tages überkam sie beim Anblick einer Christusfigur das Gefühl: Gott ist da; er will mit mir in Kontakt treten, aber ich laufe ihm immer davon. Von da an übte sie sich im inneren Beten. Dabei kam es nicht auf mündliche Worte an, auch nicht auf schöne Gedanken, sondern auf die innere Verbindung mit Gott, der nun zum Begleiter ihres Lebens wurde. Weil Teresa sehr gut und lebendig schreiben konnte, verfasste sie viele Bücher über das Leben mit Gott und das Gebet. Ihre Schriften wurden so beliebt, dass sie in viele Sprachen übersetzt und auf der ganzen Welt verbreitet wurden. Sie gelten auch heute noch als die besten Anleitungen zum Beten.

Mein Gott, ich begreife nicht, warum nicht alle Menschen danach verlangen, in einer besonderen Freundschaft mit dir verbunden zu sein. Gerade jene, die dir nicht nahe sind, sollten zu dir gehen. Würden sie zulassen, dass du täglich auch nur zwei Stunden bei ihnen bist, du würdest sie gut machen, auch wenn sie nur zerstreut bei dir weilen könnten, wie ich früher.

Teresa von Avila

Wenn euch viele äußere Verrichtungen auferlegt sind, etwa in der Küche, so wisst: Inmitten der Töpfe ist der Herr zugegen, um euch innerlich und äußerlich beizustehen.

Teresa von Avila

■
Hole weitere Informationen über Teresa von Avila ein und gestalte einen Steckbrief.

■
Wähle einen anderen Heiligen oder eine Heilige aus, z.B. deinen Namenspatron oder die Patronin deiner Kirchengemeinde. Recherchiere über sein/ihr Leben und zeige auf, wie sein/ihr Handeln Antwort auf die Gegenwart und den Ruf Gottes war. Präsentiere in einem Referat ein Porträt des/der Heiligen.

■■■
Viele Gebete gehen auf Heilige zurück. Sammelt Gebete großer Heiliger und nehmt sie in eure Klassengebetssammlung auf. Ihr könnt dazu das Gotteslob zu Hilfe nehmen.

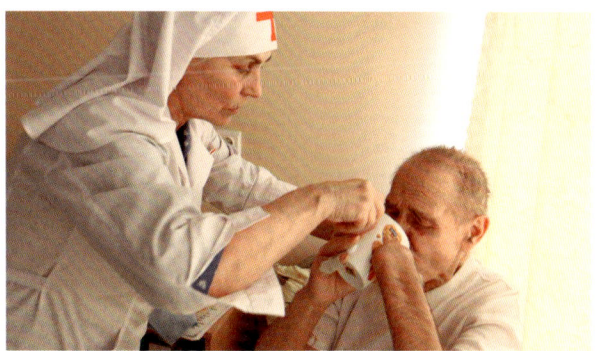
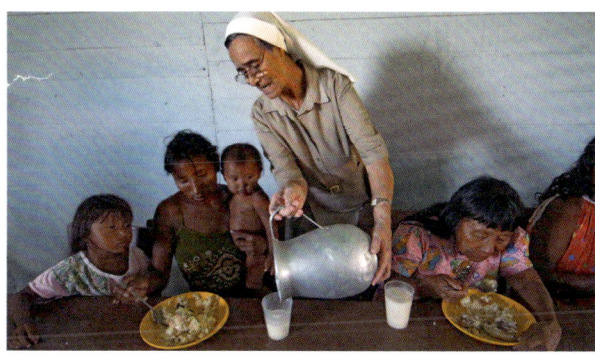

▪ Die Fotos auf dieser Seite zeigen Aspekte des Ordenslebens heute. Wenn es in eurer Nähe ein Kloster oder eine Ordensgemeinschaft gibt, vereinbart dort einen Besuch. Überlegt euch vorher Fragen. Macht euch während des Besuchs Notizen.

▪▪▪ Erstellt arbeitsteilig ein Informationsblatt über eine Klostergemeinschaft: Wer hat sie gegründet? Zu welchem →Orden gehört sie? Was zeichnet diesen Orden aus? Welche Gebetszeiten gibt es? Wie ist der Tagesablauf der →Mönche bzw. →Nonnen? Etc.

▪▪ Vielleicht könnt ihr einmal an einem Stundengebet teilnehmen. Fragt im Kloster nach den Zeiten. Im Gotteslob findet ihr unter dem Titel „Tagzeitenliturgie" verschiedene Stundengebete.

▪▪ Der Film „Die große Stille" beschreibt das Leben von Mönchen in einem Kartäuser-Kloster. Seht gemeinsam einen Ausschnitt des Films an. Ihr werdet feststellen, dass dieser Film anders ist als die Filme, die ihr sonst seht. Begründet, warum diese Art des Filmens besonders gut zum Thema des mönchischen Lebens passt.

Du hast keine Hände, Herr!

T: Alois Albrecht/M: Peter Janssens
© Peter Janssens Musik-Verlag

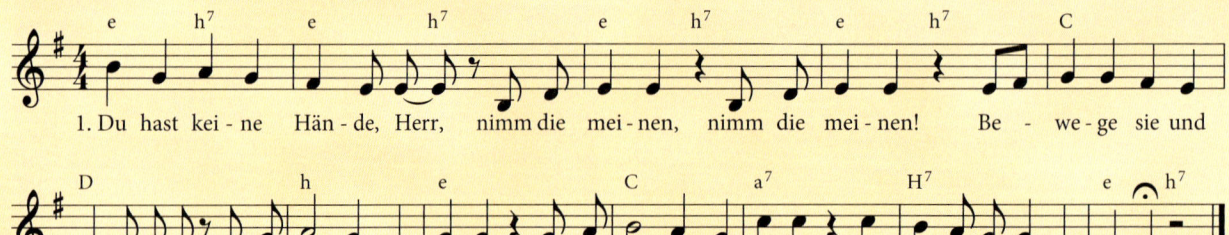

1. Du hast kei-ne Hän-de, Herr, nimm die mei-nen, nimm die mei-nen! Be-we-ge sie und füh-re sie. Lass sie tra-gen und hal-ten. Lass sie ge-ben und tei-len, als wä-ren es die dei-nen!

2. Du hast keine Füße, Herr,
   nimm die meinen,
   nimm die meinen!
   Bewege sie und lenke sie.
   Lass sie gehen und laufen.
   Lass sie springen und tanzen,
   als wären es die deinen.

3. Du hast keine Lippen, Herr,
   nimm die meinen,
   nimm die meinen!
   Bewege sie und öffne sie.
   Lass sie danken und rühmen.
   Lass sie dichten und trösten,
   als wären es die deinen.

Sprachlos,
wie ich bin,
muss ich dich
anschweigen.

Dankbar,
wie ich bin,
muss ich dir
danksagen.

Alles
was ich bin,
ist mein Gebet
zu dir,
Gott.

Werner Schaube

Herr,
man müsste, man sollte.
Ja, eigentlich wissen wir alle, wie es besser geht.
Doch dann fehlt uns die Kraft und der Mut
und wir tun es doch wieder so wie immer.

Mit unseren Worten sind wir schneller,
da schaffen wir eine andere Welt.
Ideen und Träume, eine bessere Zeit.
An deinen Worten orientiert.

Gib uns die Kraft,
Worten Taten folgen zu lassen,
starke Worte in sichtbare Zeichen zu übersetzen.
Gib uns den Mut, deinem Wort zu folgen
im Alltag und nicht in ferner Zeit.

■ Nimm dir Zeit und werde ruhig. Höre in dich hinein. Vielleicht möchtest du Gott für etwas danken oder um etwas bitten? Schreibe dein Gebet auf und gestalte es schön. Lies es zum Abschluss noch einmal für dich durch. Wenn du willst, kannst du es auch mit den anderen teilen.

Spüren, dass Gott mich liebt –
eine Übung für zu Hause oder wenn du allein bist.

Geh zu deinem Wohlfühlplatz, an dem dich niemand stört. Setze dich bequem hin und schließe deine Augen. Spüre deinen Atem, wie er kommt und geht.

Nun stell dir vor, es kommt jemand zu dir, deine Mutter. Hör zu, was sie dir sagen möchte. Sie erzählt dir, welches Bild sie von dir hat. Höre ihr eine ganze Weile zu. Dann verabschiede dich von ihr. Sie geht fort. Nun kommt dein Vater. Auch er sagt dir, wie er dich sieht. Du hörst wieder zu und verabschiedest dich wieder von ihm. Nach einer Weile kommt ein Freund oder eine Freundin und sagt dir auch, was ihm oder ihr an dir gefällt und was nicht. Vielleicht kommt noch der Bruder oder die Schwester. Höre gut zu, was sie sagen. Danach kommt noch jemand, dein Lehrer oder deine Lehrerin. Auch sie wollen etwas sagen, und du hörst zu. Dann verabschiedest du sie wieder.

Jetzt bist du wieder allein. Viele unterschiedliche Dinge hast du gehört. Dein Atem kommt und geht.
Lausche jetzt noch einmal in dich hinein. Es gibt noch eine Stimme, tief in dir verborgen, die Gottesstimme. Sie sagt dir: Du bist ein Kind Gottes. Ich habe dich bei deinem Namen gerufen.

Öffne langsam wieder deine Augen. Reck und streck dich nach Herzenslust. Spüre deine Arme und Beine, deinen Rücken, deinen ganzen Körper. Spüre alles, was du bist, und sage es ganz laut: „Ich bin ich. Ich bin doch ganz schön vielseitig. Ich mag mich wohl leiden, und ich bin ein Kind Gottes."

Beten meint: Spüren, dass Gott dich liebt, so wie du bist.

Mit Gott sprechen

Unser Essen gibt's im Supermarkt, Strom kommt aus der Steckdose. Geld gibt's mit der Karte aus dem Automaten. Für meine guten Noten büffle ich entsprechend. Wenn ich krank bin, bekomme ich vom Arzt ein Rezept. Die Gentechnik wird gescheite und gesunde Kinder bald planbar machen. Gegen Katastrophen gibt es Versicherungen. Wofür soll ich Gott danken?

Schülerin

Darum sage ich euch: Bittet und es wird euch gegeben; sucht und ihr werdet finden; klopft an und es wird euch geöffnet.

Denn wer bittet, der empfängt; wer sucht, der findet; und wer anklopft, dem wird geöffnet.

Lk 11,9–10

Wenn ihr betet, sollt ihr nicht plappern wie die Heiden, die meinen, sie werden nur erhört, wenn sie viele Worte machen.

Macht es nicht wie sie; denn euer Vater weiß, was ihr braucht, noch ehe ihr ihn bittet.

Mt 6,7–8

Die schwierige Lage Gottes
„Und verschone uns vor Feuer, Missernten und Heuschreckenschwärmen", beteten die Farmer am Sonntagmorgen.
Zu gleicher Zeit hielten die Heuschrecken einen Bittgottesdienst ab, in welchem es hieß:
„Und schlage den Feind mit Blindheit, auf dass wir in Ruhe seine Felder abnagen können."

Wolfdietrich Schnurre

■ Vergleicht die Geschichte von Wolfdietrich Schnurre mit den Worten Jesu bei Lk 11,9–10. Was fällt euch auf? Sprecht darüber.

■■ Hilft beten? Wir kennen alle Bitten, die nicht erfüllt wurden. Ein Argument gegen das Beten? Schreibe deine Gedanken dazu in dein Heft.

■ Wofür könntest du Gott danken? Verfasse, wenn du magst, ein Dankgebet. Wenn du willst, kannst du es zur Klassengebetssammlung fügen.

■■ Beten muss man immer wieder neu lernen. Dazu können vertraute Gebete und alte Texte ebenso helfen wie eigene Gebete. Erinnere dich, wie du als Kind gebetet hast, und vergleiche mit heute. Nenne die Veränderungen, die du feststellen kannst.

■■ Gerade wenn man lange nicht gebetet hat, ist es vielleicht schwer, wieder anzufangen, wie bei einem Gespräch mit jemandem, den man lange nicht gesehen hat. Formuliere einen Gebetsanfang, der diese schwierige Situation überbrücken kann.

Noch Fragen?

Joan Miró, 1973

5 Die Bibel erkunden

Erinnere dich!

- woher die Bibel kommt und aus welchen Teilen sie besteht
- biblische Erzählungen und Personen, z.B. Josef, Abraham und Mose

Ihr Christen habt in eurer Obhut ein Dokument mit genug Dynamit in sich, die gesamte Zivilisation in Stücke zu blasen, die Welt auf den Kopf zu stellen, dieser kriegszerrissenen Welt Frieden zu bringen. Aber ihr geht damit um, als ob es nur ein Stück guter Literatur ist, sonst weiter nichts.

Mahatma Gandhi (1869–1948), indischer Freiheitskämpfer

Wer seinen Gott verloren hat, der kann ihn in der Bibel wiederfinden.

Heinrich Heine (1797–1856), deutscher Dichter

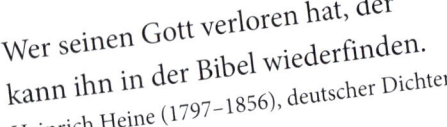

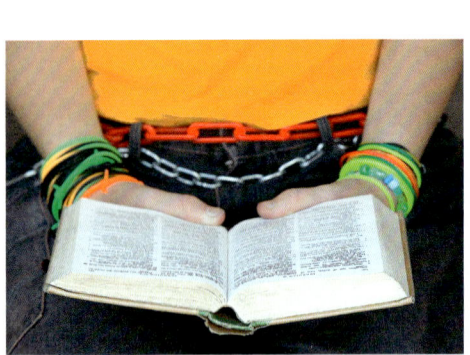

Von meiner Kindheit an hat mich die Bibel mit Visionen über die Bestimmung der Welt erfüllt. In Zeiten des Zweifelns haben ihre Größe und ihre hohe dichterische Weisheit mich getröstet.

Marc Chagall (1887–1985), russischer Maler

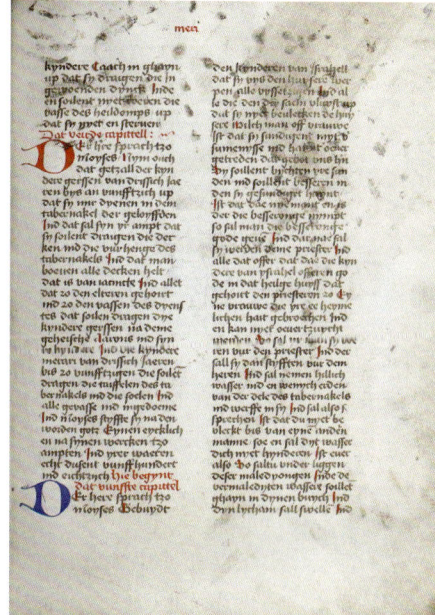

1223

39 Einer der Verbrecher, die neben ihm hingen, verhöhnte ihn: Bist du denn nicht der Christus? Dann rette dich selbst und auch uns! 40 Der andere aber wies ihn zurecht und sagte: Nicht einmal du fürchtest Gott? Dich hat doch das gleiche Urteil getroffen. 41 Uns geschieht recht, wir erhalten den Lohn für unsere Taten; dieser aber hat nichts Unrechtes getan. 42 Dann sagte er: Jesus, denk an mich, wenn du in dein Reich kommst! 43 Jesus antwortete ihm: Amen, ich sage dir: Heute noch wirst du mit mir im Paradies sein.
26-43: Mt 27,38-44. Mk 15,20b-32; Joh 19,16b-27.29
50: Hos 10,8. Offb 6,16 · 34: Ps 22,8 · 35: Ps 22,8

DER TOD JESU: 23,44-49

44 Es war schon um die sechste Stunde, als eine Finsternis über das ganze Land hereinbrach – bis zur neunten Stunde. 45 Die Sonne verdunkelte sich. Der Vorhang im Tempel riss mitten entzwei. 46 Und Jesus rief mit lauter Stimme: Vater, *in deine Hände lege ich meinen Geist*. Mit diesen Worten hauchte er den Geist aus.

47 Als der Hauptmann sah, was geschehen war, pries er Gott und sagte: Wirklich, dieser Mensch war ein Gerechter. 48 Und alle, die zu diesem Schauspiel herbeigeströmt waren und sahen, was sich ereignet hatte, schlugen sich an die Brust und gingen weg. 49 Alle seine Bekannten aber standen in einiger Entfernung, auch die Frauen, die ihm von Galiläa aus nachgefolgt waren und die dies mit ansahen.
44-49: Mt 27,45-56. Mk 15,33-41. Joh 19,28-30
46: Ps 31,6 / 49: Ps 38,12. Ps 88,9

DAS BEGRÄBNIS JESU: 23,50-56

50 Und siehe, da war ein Mann mit Namen Josef, ein Mitglied des Hohen Rats und ein guter und gerechter Mensch. 51 Dieser hatte ihrem Beschluss und Vorgehen nicht zugestimmt. Er war aus Arimathäa, einer jüdischen Stadt, und wartete auf das Reich Gottes. 52 Er ging zu Pilatus und bat um den Leichnam Jesu. 53 Und er nahm ihn vom Kreuz, hüllte ihn in ein Leinentuch und legte ihn in ein Felsengrab, in dem noch niemand bestattet worden war. 54 Das war ein Rüsttag, kurz bevor der Sabbat anbrach. 55 Die Frauen, die mit Jesus aus Galiläa gekommen waren, sahen das Grab und wie der Leichnam bestattet wurde. 56 Dann kehrten sie heim und bereiteten wohlriechende Salben und Öle zu. Am Sabbat

aber hielten sie die vom Gebot vorgeschriebene Ruhe ein.
50-56: Mt 27,57-61. Mk 15,42-47. Joh 19,38-42
54: Dtn 21,23

DIE FRAUEN UND PETRUS AM LEEREN GRAB: 24,1-12

24 1 Am ersten Tag der Woche gingen die Frauen mit den wohlriechenden Salben, die sie zubereitet hatten, in aller Frühe zum Grab. 2 Da sahen sie, dass der Stein vom Grab weggewälzt war; 3 sie gingen hinein, aber den Leichnam Jesu, des Herrn, fanden sie nicht. 4 Und es geschah, während sie darüber ratlos waren, siehe, da traten zwei Männer in leuchtenden Gewändern zu ihnen. 5 Die Frauen erschraken und blickten zu Boden. Die Männer aber sagten zu ihnen: Was sucht ihr den Lebenden bei den Toten? 6 Er ist nicht hier, sondern er ist auferstanden. Erinnert euch an das, was er euch gesagt hat, als er noch in Galiläa war: 7 Der Menschensohn muss in die Hände sündiger Menschen ausgeliefert und gekreuzigt werden und am dritten Tag auferstehen. 8 Da erinnerten sie sich an seine Worte. 9 Und sie kehrten vom Grab zurück und berichteten das alles den Elf und allen Übrigen. 10 Es waren Maria von Magdala, Johanna und Maria, die Mutter des Jakobus, und die übrigen Frauen mit ihnen. Sie erzählten es den Aposteln. 11 Doch die Apostel hielten diese Reden für Geschwätz und glaubten ihnen nicht. 12 Petrus aber stand auf und lief zum Grab. Er beugte sich vor, sah aber nur die Leinenbinden. Dann ging er nach Hause, voll Verwunderung über das, was geschehen war.
1-12: Mt 28,1-8. Mk 16,1-8. Joh 20,1-10.11-13
7: 9,22.44. 17,25. 18,32f.

DIE ERSCHEINUNG JESU AUF DEM WEG NACH EMMAUS: 24,13-35

13 Und siehe, am gleichen Tag waren zwei von den Jüngern auf dem Weg in ein Dorf namens Emmaus, das sechzig Stadien von Jerusalem entfernt ist. 14 Sie sprachen miteinander über all das, was sich ereignet hatte. 15 Und es geschah, während sie redeten und ihre Gedanken austauschten, kam Jesus selbst hinzu und ging mit ihnen. 16 Doch ihre Augen waren gehalten, sodass sie ihn nicht erkannten. 17 Er

24,13 Das griechische Längenmaß Stadion entspricht 600 Fuß, d. h. je nach dessen regionaler Festsetzung ca. 185 bis 200 Meter.

LUKAS 23,39–24,17

Sie werden lachen – die Bibel.
Bertolt Brecht (1898–1956),
deutscher Schriftsteller, auf die Frage:
„Welches Buch hat Ihnen in Ihrem Leben
den stärksten Eindruck gemacht?"

Die Bibel ist nicht dazu da, dass
wir sie kritisieren, sondern
dazu, dass sie uns kritisiert.
Søren Kierkegaard (1813–1855),
dänischer Philosoph und Schriftsteller

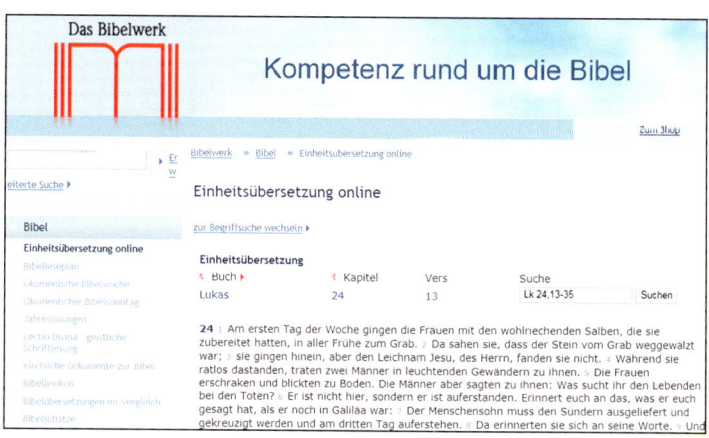

Erfahren und lernen:

◉ Wie man sich in der Bibel zurechtfindet.

◉ neue Erzählungen aus der Bibel

◉ Die Menschen in den Erzählungen
machen Erfahrungen mit Gott.

◉ Menschen heute schöpfen Kraft aus den
Geschichten der Bibel.

Ein Standbild stellen

Stell dir vor, du bist Bildhauer und sollst eine Szene aus einer biblischen Geschichte gestalten. Diese Geschichten kannst du z.B. dafür verwenden: Mk 2,1–12; Mk 4,1–9; Lk 5,27–32.

■ Lies zuerst die Geschichte. Notiere, was dir darin wichtig ist und dich anspricht.

■ Überlege, welche Personen und Handlungen du darstellen möchtest.

■ Stelle höchstens vier deiner Mitschüler/Mitschülerinnen wie Schaufensterpuppen in die entsprechenden Positionen.

■ Sobald das Standbild fertig ist, verharren die Figuren für etwa eine halbe Minute in ihrer Position.

■ Die übrigen Schüler lassen das Standbild auf sich wirken und notieren ihre spontanen Gedanken dazu.

■ Anschließend tauschen sich „Künstler", „Puppen" und Zuschauer über ihre Beobachtungen aus.

Was fällt dir zum Wort „Evangelium" ein?

„Das ist doch Kinderkram!" – „Das interessiert nur die Menschen in der Kirche." – „Da stehen wichtige Geschichten über Jesus drin."
Wähle aus den Aussagen die aus, die dir am meisten zusagt. Du kannst auch selbst einen Aussagesatz formulieren. Tauscht euch in Gruppen über die Aussagen zum Evangelium aus. Begründet euren Standpunkt. Erläutert auch, mit welchen Aussagen ihr eher nicht einverstanden seid.

Wie stehst du zur Bibel?

Mit einer Zielscheibe kannst du dir bewusst machen, wie nahe oder fern du zur Bibel stehst. Im Mittelpunkt steht die Bibel. Übertrage die Zeichnung in dein Heft und markiere deinen Standpunkt auf den Ringen.

Einen Bibel-Wandteppich gestalten

Sammelt Jesusworte und andere Verse aus der Bibel, die euch wichtig sind. Schreibt sie jeweils auf einen Stoff- oder Papierstreifen und verwebt anschließend alle Streifen miteinander zu einem Wandteppich.
Ihr könnt ihn im Klassenzimmer aufhängen und immer wieder neue Bibelworte auf Streifen dazuweben.

Die Bibel erforschen

Nimm eine Bibel zur Hand und erforsche ihren Aufbau. Schreibe deine Entdeckungen in einer Tabelle auf.

■ Wie ist sie eingeteilt?

■ Welche Geschichten aus der Bibel kennst du? Ordne sie dem Alten oder Neuen Testament zu.

■ Schreibe für eine Geschichte, die du kennst, genau auf, wie sie heißt, wo sie zu finden ist, wie lang sie ist. Versuche, etwas über ihre Entstehung und ihren Hintergrund herauszufinden (z.B. in einem Bibellexikon oder im Internet).

Wie im richtigen Leben

Betrachtet das Bild auf *Titelseite* 65. Allerlei Farben und Striche überlagern sich, kommen sich in die Quere. Es sieht aus, als hätten Menschen dort Spuren hinterlassen. Gebt ihnen eine Sprache und lasst sie von ihren Freuden, Hoffnungen, ihrer Wut und ihrer Angst erzählen.
Nun könnt ihr das Bild auch mit der Bibel in Beziehung setzen. Welche Freuden, Hoffnungen usw. werden uns dort erwarten? Tauscht euch darüber aus.

Ein Buch mit Geschichte

Auf *Themenseite* 67 findest du Abbildungen von Bibelseiten aus verschiedenen Zeiten.

■ Ordne sie nach ihrer zeitlichen Abfolge.

■■ Sucht im Internet oder in einem Lexikon nach folgenden Begriffen: Papyrus, Schriftrolle, Kodex, Pergament, Evangeliar.

■■ Fasst eure Ergebnisse zu einem kurzen Sachtext zusammen.

Erfahrungen mit Gott – aus Unterdrückung wird Freiheit

Thomas Zacharias, 1967

Die Israeliten haben die Vergangenheit, Gegenwart und Zukunft ihres Volkes immer mit Gott in Verbindung gebracht. Warum ist dies oder jenes geschehen? Was will Gott uns damit sagen? Was will er von uns? Wohin will er uns führen?
So entstand eine der wichtigsten Geschichten der Bibel:
Die Israeliten erinnerten sich, dass sie in Ägypten unterdrückt wurden und für den →Pharao Sklavendienste leisten mussten. Aber dann fassten sie Mut und konnten unter der Führung des Mose entkommen. Später haben Schriftsteller und Gelehrte die Erfahrungen des Volkes mit Gott in vielen kunstvoll gestalteten Geschichten aufgeschrieben. Im Lauf der Zeit wurden die Geschichten zu Büchern zusammengefasst.

■ Lest die Geschichten im Buch Exodus nach, z.B. Ex 1,1–22; 2,1–10; 2,11–25; 3,1–21; 5,1–22; 13,17–14,31.

■■ Wähle eine Geschichte aus, die dich anspricht. Notiere, was du darin über die Knechtschaft oder die Befreiung der Israeliten erfährst, und erzähle davon einem Partner/einer Partnerin.

■■■ Betrachtet mit einem Partner/einer Partnerin das Bild von Thomas Zacharias und beschreibt, was ihr seht. Lasst die Farben und Formen auf euch wirken. Der Künstler verarbeitet den Auszug aus Ägypten. Sprecht über die Ähnlichkeiten und Abweichungen gegenüber dem Bibeltext.

Die Verfasser des Alten Testamentes haben die Erzählungen über Mose und das Volk so aufgeschrieben, wie sie ihnen entweder selbst noch in der Erinnerung geblieben oder von anderen erzählt worden sind. Sie haben sie so formuliert, dass das Volk erkennt: Gott ist unser Retter – damals und heute. Er hat uns aus der Knechtschaft der Ägypter befreit, uns durch die Wüste geführt und uns das Land geschenkt, in dem wir heute leben. Alles ist sein Geschenk.

Immer wenn die Israeliten in den Schriften gelesen haben, fühlten sie sich auch für ihre Gegenwart und Zukunft gestärkt: So wie damals ist Gott auch heute an unserer Seite. Er wird unsere Zukunft sein. Im Lauf der Zeit wurden diese Texte zu heiligen Texten, die in den Gottesdiensten und an den Festtagen vorgelesen wurden, zum Beispiel

beim →Pessachfest. Es ist bis heute das wichtigste Fest der Juden, an dem sie ihre Befreiung aus Ägypten, aber auch andere Ereignisse der Befreiung im Leben des Volkes feiern.

Auch für die Christen sind die Geschichten von der Befreiung der Israeliten wichtig. Sie denken dabei an die Befreiung vom Tod durch die Auferstehung Jesu.

■
Lies in Ex 14,1–31, wie die Israeliten von den Ägyptern auf ihrer Flucht verfolgt wurden. Suche die Stellen im Text, die zeigen, dass Gott auf der Seite der Unterdrückten steht.

■■
Die Juden begehen das →Pessachfest am Vorabend mit einem Mahl (Seder). Startet eine Recherche zum jüdischen Pessachfest und

Sedermahl. Gestaltet in Gruppenarbeit ein Plakat, auf dem ihr darstellt, wie Juden Pessach feiern.

■■
Findet heraus, welche Speisen gegessen werden und welche Bedeutung sie haben. Wie verläuft ein Sedermahl und welche Texte werden gelesen?

Erfahrungen mit dem Auferstandenen – aus Trauer wird Hoffnung

Jesus ist wie ein Verbrecher am Kreuz gestorben. Seine Jünger haben sich aus Angst zurück gezogen. All ihre Hoffnungen haben sie begraben. Aber nach einiger Zeit haben sie sich wieder in Jerusalem versammelt. Jetzt reden sie öffentlich von Jesus. Er lebt. Er hat sich uns gezeigt. Er ist Jesus, der Christus, der Gesalbte Gottes. Er ist von den Toten auferstanden. Der Evangelist Lukas erzählt diese Geschichte: Zwei Jünger gehen traurig und enttäuscht von Jerusalem weg in die kleine Stadt Emmaus. Da gesellt sich ihnen ein Dritter hinzu und fragt: „Wovon redet ihr?" Er spricht mit ihnen. Er erklärt ihnen alles von Jesus. Da geht ihnen ein Licht auf …

■ An Ostern feiern wir das Fest der Auferstehung. Findet heraus, welcher Teil der Osterfeier auf dem Foto dargestellt ist. Informiert euch darüber im GL 312.

■ Lest die Emmaus-Geschichte nach bei Lk 24,13–35.

■ Betrachtet das Bild auf *Deuteseite 73*. Der Künstler drückt in Farben und Formen aus, was auf dem Weg nach Emmaus geschieht, während die drei Männer miteinander reden, und wie sich die Stimmung der Jünger verändert. Sprecht darüber.

■■ Stellt in zwei Standbildern die Einstellungen der Jünger am Anfang und am Ende des Weges dar.

■■■ Zwischen den beiden Bildern von Thomas Zacharias auf *Deuteseite 70* und *73* gibt es Ähnlichkeiten. Die Farben können euch auf die Spur bringen. Tauscht euch darüber aus.

■■■ Die Geschichten von der Befreiung der Israeliten und von der Begegnung auf dem Weg nach Emmaus sind Hoffnungserzählungen. Diskutiert darüber, ob sie auch noch heute den Menschen Mut machen können. Denkt dabei nicht nur an Menschen in Deutschland, sondern weltweit.

Thomas Zacharias, 1967

Deuteseite

Die Bibel – ein Buch mit langer Geschichte

Der Bund mit Israel wird überliefert (→Altes Testament)

1. Erzählen (1200–800 v.Chr.)

Die Israeliten haben in ihrer Geschichte oft erfahren, dass Gott sie gerettet und zu seinem Volk erwählt hat. Deswegen wollten sie ihm treu sein und den →Bund mit ihm halten. Fähige Erzähler haben die Geschichten Gottes mit dem Volk weitererzählt und damit die Erinnerungen an Gottes Taten wachgehalten.

2. Aufschreiben (800–500 v.Chr.)

In einer Zeit, in der das Volk Israel von ausländischen Eroberern bedrängt und vertrieben worden ist, haben Propheten und Priester diese Erzählungen aufgeschrieben und weitere Mahn- und Trostworte verfasst.

3. Sammeln und abschreiben (ca. 500–200 v.Chr.)

Später wurden die Texte von Text-Sammlern (Redaktoren) zu Büchern zusammengefasst. Besonders wichtig waren den Juden die sogenannten „fünf Bücher Mose". Man nennt sie so, weil man lange Zeit glaubte, dass Mose sie geschrieben habe. Die Juden nennen sie „Tora", das heißt „Weisung Gottes". Später folgten die Bücher der Propheten, die Weisheitsbücher und Liedersammlungen für den Gottesdienst (→Psalmen).

4. Festlegung der Sammlung (ab 80 n.Chr.)

Nachdem die Römer im Jahr 70 n.Chr. den Tempel in Jerusalem zerstört hatten, haben jüdische Gelehrte die heiligen Bücher der Juden in eine feste Ordnung (→Kanon) zusammengefügt.

Der Bund wird in Christus erneuert und fortgesetzt (→Neues Testament)

1. Das Wirken Jesu (ca. 27–30 n.Chr.)

Jesus wirkte nur wenige Jahre und verkündete die Botschaft von Gott. Viele waren beeindruckt von seiner Liebe zu den Menschen. Viele folgten ihm, andere wollten ihn zum Schweigen bringen. Um das Jahr 30 n.Chr. wurde Jesus hingerichtet. Nach seiner Auferstehung verstanden seine Anhänger erst richtig, was er getan und gelehrt hatte, und sie glaubten: Er ist der Sohn Gottes.

2. Die Verkündigung der Jünger (30–50 n.Chr.)

Die Jünger/innen erzählten weiter, was sie erfahren hatten. Es entstanden Gemeinden, die nach Jesu Worten lebten und glaubten. Die Geschichten über Jesus wurden aufgeschrieben und in Gottesdiensten vorgelesen.

3. Briefe an die Gemeinden (55–100 n.Chr.)

→Paulus gründete Gemeinden und schrieb ihnen später Briefe, um sie im Glauben zu stärken. Das taten auch andere Apostel.

4. Die Entstehung der Evangelien (70–100 n.Chr.)

Als nach und nach die Augenzeugen Jesu starben, fertigten →Markus, →Matthäus, →Lukas und →Johannes Sammlungen von Jesus-Erzählungen an, die sie →Evangelium nannten, das heißt „frohe Botschaft". Den wichtigsten Teil der Evangelien bildeten die Geschichten von Tod und Auferstehung Jesu. Die Christen fanden dadurch Trost und Hoffnung für ihr Leben.

5. Festlegung des Kanons (140–395 n.Chr.)

Im 2. Jahrhundert n.Chr. entstanden in den Gemeinden Verzeichnisse der Schriften. Einige Jahrhunderte später legten Bischöfe bei →Synoden fest, welche Schriften für die Kirche maßgeblich sein sollten. Die Schriften der Juden wurden in die Bibel der Christen mit aufgenommen, weil an ihnen deutlich wird, wie Gott seinem Volk die Treue hält. Sie wurden „Altes Testament" genannt, die Evangelien und die Schriften und Briefe der Apostel „Neues Testament", weil Jesus den Bund mit Gott erneuert hat.

■ Fertige eine Zeitleiste zur Entstehung der Bibel an und notiere stichpunktartig die wichtigsten Informationen.

■■ Bearbeitet in Gruppen die Abschnitte des Sachtextes. Forscht nach weiterführenden Informationen. Sammelt Bildmaterial dazu. Gestaltet gemeinsam eine Präsentation mit dem Titel „Ein Buch mit einer langen Geschichte".

■■ Die Bibel wird als „Buch der Bücher" bezeichnet. Erläutere diesen Namen.

■■■ Entwerft in Gruppen ein Kreuzworträtsel zur Bibel. Tauscht es aus und löst es.

Wo zwei oder drei in meinem Namen

T: Mt 18,20/M: Jesus-Bruderschaft Gnadenthal

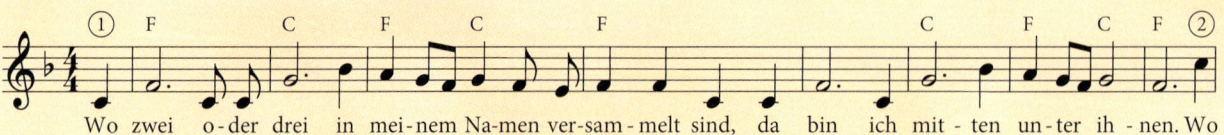

Wo zwei o-der drei in mei-nem Na-men ver-sam-melt sind, da bin ich mit-ten un-ter ih-nen. Wo

zwei o-der drei in mei-nem Na-men ver-sam-melt sind, da bin ich mit-ten un-ter ih-nen.

Paul Gauguin, 1891

■■ Findet heraus, was die Redewendung „in meinem Namen" bedeutet. In welchem Zusammenhang wird heute in der Öffentlichkeit so gesprochen? Startet dazu eine Umfrage an eurer Schule.

■■ Betrachtet das Bild von Paul Gauguin. Es ist kein religiöses Bild, aber man könnte es mit dem Liedtext in Verbindung bringen. Überlegt, was dabei „in meinem Namen" bedeuten könnte. Tauscht euch in der Gruppe darüber aus und tragt eure Ergebnisse der Klasse vor.

■■■ Wie müsste das Leben von Christen aussehen, dass man sagen könnte: „Sie handeln im Namen Jesu"? Nenne Beispiele.

Gemeinsam ein Mahl feiern

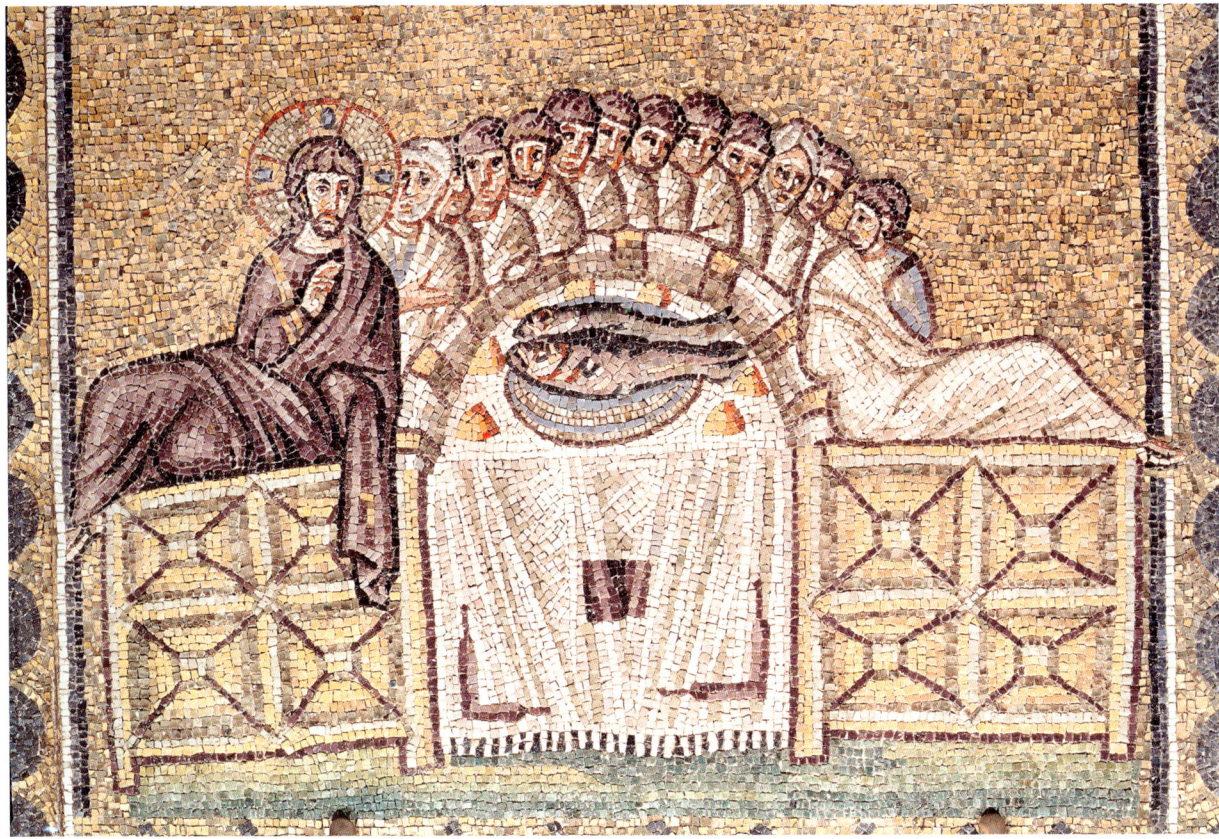

Mosaik in San Apollinare Nuovo, 6. Jahrhundert

■
Für die frühen Christen war die wöchentliche Zusammenkunft der wichtigste Ausdruck ihres Glaubens. Im Mittelpunkt stand das gemeinsame Mahl. Lest in Apg 2,46 und in 1 Kor 11,17–34 nach, wie diese Mahlfeier ablief.

■■
Ihr könnt mit der Klasse ein ähnliches Mahl (→ Agape) feiern. Dazu braucht ihr
- ⊙ einen geeigneten Raum, den ihr schön dekorieren könnt.
- ⊙ etwas zu essen und zu trinken. Jede und jeder kann etwas von zu Hause mitbringen, das gemeinsam gegessen und getrunken wird.
- ⊙ geeignete Gebete, Texte und Musik, z.B. aus dem Gotteslob 580–591.

Vereinbart eine Tischregel, z.B. dass immer zwei sich gegenseitig mit Essen und Trinken versorgen

■■■
Vergleicht die Bilder auf dieser Doppelseite. Sie haben auf den ersten Blick wenig miteinander zu tun. Trotzdem kann man eine innere Verbindung herstellen. Vergleicht die Formen und Gesten. Was wollten die beiden Künstler jeweils zum Ausdruck bringen? Stellt auch eine Verbindung zum Lied auf *Besinnungsseite 76* her.

Die Geschichte von jemand, der den Pfeil in die Mitte schießt

Auf einer meiner Reisen traf ich Sari, eine junge Inderin. Ihre Schwestern hatten – wie in Indien üblich – einen vorbestimmten Bräutigam geheiratet und das von ihrer Familie vorherbestimmte Leben als Ehefrau und Mutter angetreten. Diesen Weg war Sari nicht gegangen, sondern sie hatte sich dagegen zur Wehr gesetzt. Sie war Lehrerin in einem Missionszentrum geworden. Sie lächelte auf meine Frage, woher sie die Kraft genommen habe, sich gegen ihre Familie und die Gesellschaft durchzusetzen. Sie stand auf, ging in ihr Zimmer und kehrte mit einem Holzkasten zurück. Der Holzkasten war eigentlich eine kleine,

reich verzierte Truhe, die ihr ein Freund gemacht hatte, wie sie erklärte. Als sie die Truhe öffnete, kam ein fein gewebtes Tuch zum Vorschein, das sie mitsamt dem Inhalt vorsichtig herausnahm. Ich dachte, das verborgene Geheimnis sei zerbrechlich, so vorsichtig ging Sari mit dem Tuch und seinem Inhalt um. Doch als sie das Tuch zur Seite geschlagen hatte, kam eine normale Bibel zum Vorschein, die vom vielen Lesen schon ganz zerblättert war. Nichts Besonderes, könnte man meinen. Doch der Blick, mit dem Sari das Buch betrachtete, und die Art, wie sie es in den Händen hielt, sagten etwas anderes aus.

■ Für Sari hat die Bibel eine ganz besondere Bedeutung. Befrage deine Freunde, Mitschüler oder Familie, was die Bibel für sie bedeutet. Schneide Sprechblasen aus, schreibe in jede eine der Aussagen und klebe sie in dein Heft. Schreibe in eine Sprechblase Saris Haltung zur Bibel. In einer anderen Sprechblase kannst du deine persönliche Meinung zur Bibel notieren.

■ Erinnere dich, wie du zu Beginn dieses Kapitels den Pfeil auf die Zielscheibe mit der Bibel gesetzt hast. Wo würde dein Pfeil jetzt stecken? Begründe deine Antwort.

Noch Fragen?

Hast du noch Fragen zur Bibel, die du dir für später merken möchtest? Schreibe sie auf, damit du sie nicht vergisst.

6 Auf Spurensuche nach Jesus

Erinnere dich!

- ⊙ Geschichten von Jesus
- ⊙ Verschiedene Bilder
  von Jesus
- ⊙ Wie die Evangelien
  entstanden sind

Hitda-Codex, 10. Jahrhundert

Wer ist Jesus für Sie?
Der bekannteste Unbekannte.
Derjenige, dem ich Gott glaube.
Derjenige, der neu anfing.
Derjenige, der sein letztes Wort
noch nicht gesagt hat.

Kurt Marti

Blick über Nazaret

Jordantal zwischen Nazaret und Betlehem

Neunundzwanzig Namen für Jesus von Nazaret
Nächster. Fremder. Jude. Same.
Baum an der Quelle. Bräutigam. Weg.
Hirte. Perle. Zweig. Fisch. Brot.
Wort. Weinstock. Sohn des … Gott. Knecht.
Traummensch. Offene Tür. Eckstein.
Schlüssel. Löwe Judas. Lamm. Gerechter.
Ströme lebendigen Wassers. Morgenstern.
Bahnbrecher. Einziger. Unsagbar Gesagter.

Huub Oosterhuis

Erfahren und lernen:

- Das Land in dem Jesus gelebt hat
- Jesus hat die Botschaft vom Reich Gottes verkündet.
- Jesus hat sich benachteiligten Menschen zugewendet.
- Was die Worte und Taten Jesu bei den Menschen seiner Zeit auslösten
- Die bildhafte Sprache Jesu in Gleichnissen verstehen

Bilder deuten

Niemand weiß, wie Jesus ausgesehen hat. Und dennoch gibt es viele Darstellungen von ihm in Kunstbildern, auf Postern oder in Spielfilmen. Jede dieser Darstellungen sagt etwas darüber aus, wie sich die Menschen Jesus vorgestellt haben. Du kannst eine Darstellung am besten erfassen, wenn du in folgenden Schritten vorgehst:

1. Schritt: Was sehe ich? Meine Augen gehen im Bild spazieren.
2. Schritt: Wie ist das Bild aufgebaut? Ich mache mir seine Formen, Farben und seinen Aufbau bewusst.
3. Schritt: Was löst das Bild in mir aus? Ich lasse Stimmungen, Gefühle, Erinnerungen kommen.
4. Schritt: Was hat das Bild zu bedeuten? Ich stelle Verbindungen her zum Bibeltext, zum Leben und Glauben, zu Vergangenheit und Gegenwart, zu Hoffnungen für die Zukunft.
5. Schritt: Wo siedele ich mich selber an auf dem Bild? Ich lasse mich in das Bild hineinziehen, nehme dort einen Platz ein und mache mich zum Teilnehmer/zur Teilnehmerin des Geschehens.

Eine Jesus-Worte-Kartei zusammenstellen

Wenn ihr euch im Laufe des Schuljahres mit Texten aus dem Neuen Testament beschäftigt, schreibt wichtige Worte Jesu auf Karteikarten und sammelt sie. Wenn ihr ein Stichwort dazuschreibt, könnt ihr euch leichter erinnern, in welchem Zusammenhang Jesus dieses Wort gesagt hat. *Beispiel:* Stichwort „Nächstenliebe"

■

Was ihr für einen meiner geringsten Brüder getan habt, das habt ihr mir getan (Mt 25,40b).

■

Wer der Erste sein will, soll der Letzte von allen und der Diener aller sein (Mk 9,35b).

■

Alles, was ihr wollt, dass euch die Menschen tun, das tut auch ihnen (Mt 7,12).

■

Du sollst den Herrn, deinen Gott, lieben aus ganzem Herzen ... und deinen Nächsten wie dich selbst (Lk 10,27).

Geschichten aus dem Leben Jesu erzählen

Von einigen Ereignissen aus dem Leben Jesu erfährst du in diesem Kapitel. An welche anderen Erzählungen kannst du dich außerdem erinnern?
Schreibe deine Lieblingsgeschichte auf. Anschließend könnt ihr eure Erzählungen zu einer Schriftrolle zusammenkleben und im Klassenzimmer auslegen.

Das Land Jesu heute kennenlernen

Besorgt euch Prospekte und Bilder von Israel und recherchiert im Internet nach aktuellen Informationen über das Land. Plant eine Reiseroute zu den wichtigsten Orten aus dem Leben Jesu. Präsentiert die Reise mit Bildern und Informationen auf einem Plakat.

Was erzählen uns die Evangelien über Jesus?

Name	Lk 1,31
Geburtsort	Lk 2,4 und 2,7
Heimatort	Lk 4,16
Mutter	Mt 1,18
Vater	Mt 1,18
Verwandte (früher „Brüder" genannt)	Mk 6,3
Religion	Lk 2,21–22
Sprache	Mk 15,34
Erlernter Beruf	Mk 6,3
Beginn des öffentlichen Auftretens	Lk 3,23
Freunde und Anhänger	Mk 15,40–41; Mk 3,13–19
hingerichtet am	Mk 15,42
um	Mk 15,33
in	Mk 15,41
durch	Mk 15,24
wegen	Mt 26,63–66

Schlagt die angegebenen Stellen nach und schreibt die Angaben in eine Tabelle in euer Heft.

Leute befragen

Wenn ihr bereit seid, aus der Schule hinauszugehen, fragt mit Mikrofon und Aufnahmegerät (Mobiltelefon) Leute auf der Straße, was sie von Jesus wissen und halten. Stellt eure Ergebnisse in der Religionsgruppe vor und sprecht darüber.

Meine Vorstellungen von Jesus

Zeichnet den Umriss eines Menschen auf ein Plakat. Schreibt oder malt in den Umriss, was ihr von Jesus wisst und wie ihr ihn euch vorstellt. Hängt das Plakat im Klassenzimmer auf.

Wo Jesus lebte

Das Land unter römischer Besatzung

Jesus war ein → Jude und lebte in → Palästina, dem Land, das sich von der östlichen Mittelmeerküste bis zum Jordan und ins heutige Jordanien erstreckt. Die Römer hatten es erobert und besetzt wie alle anderen Länder rund um das Mittelmeer.

Um dieses große Reich regieren zu können, wurden die eroberten Gebiete in sogenannte Provinzen eingeteilt. Dort hatte ein Statthalter für Ruhe und Ordnung zu sorgen. Dafür stellte ihm der Kaiser Soldaten zur Verfügung. Ein gut ausgebautes Straßennetz sorgte dafür, dass sie schnell bis in die letzten Winkel des Reiches kamen.

Diese Straßen benutzten auch die Bewohner der Provinzen für ihre Reisen. Das erleichterte besonders den Kaufleuten ihren Handel mit fernen Ländern.

Als Jesus geboren wurde, regierte Herodes der Große in → Israel, das von den Römern Palästina genannt wurde. Er war aber nur ein Unterkönig und musste den Römern gehorchen. Über seine Landsleute herrschte er rücksichtslos. Nach seinem Tod wurde das Land unter seinen Söhnen aufgeteilt. Einer davon war Herodes Antipas. Während seiner Herrschaft wurde Jesus gekreuzigt. In dieser Zeit hatte der römische Statthalter Pontius Pilatus den Oberbefehl.

Gruppen in Israel

In der Bevölkerung Israels gab es verschiedene → Gruppen, die sich untereinander oft nicht vertrugen. Einig waren sie sich jedoch in ihrer Ablehnung der römischen Zwangsherrschaft. Sie empfanden es als drückende Last, dass sie an die Römer hohe Steuern zahlen mussten. Besonders unerträglich war es für sie, dass die Römer ihre

Götterbilder in Israel öffentlich aufstellten. Viele Juden hofften auf einen →Messias, der dem Land Freiheit und Frieden bringen würde, wie es einst König David getan hatte.

Das Land

Israel hatte damals drei Landesteile: im Norden Galiläa, in der Mitte Samaria und im Süden Judäa. Im Süden lag →Jerusalem, die Hauptstadt. In Galiläa und Judäa wohnten die Juden, in Samaria die Samaritaner.

Jerusalem

Jerusalem war die heilige Stadt der Juden. Dort stand der Tempel inmitten eines großen Platzes. Er war für sie ein Zeichen, dass Gott bei seinem Volk wohnt. Für jeden frommen Juden war es ein besonderes Erlebnis, zu Wallfahrtsfesten nach Jerusalem zu pilgern, um Gott im Tempel nahe zu sein und ihm ein Opfer darbringen zu lassen.

Modell des Tempels von König Herodes dem Großen

Nichtjuden durften den inneren Tempel nicht betreten, nur den Vorhof der Heiden.

Die Sprache

Im Alltag sprachen die Menschen aramäisch. Die Bibel hingegen, unser Altes Testament, war in →Hebräisch verfasst. Sie wurde im Gottesdienst auf Hebräisch gelesen und dann von einem Übersetzer in die Ortssprache übersetzt.

■
Zeichnet eine Karte von Palästina auf ein Plakat.

■
Sucht aus den folgenden Bibelstellen die Orte heraus, an denen Jesus gelebt oder die er besucht hat oder mit denen er in Verbindung gebracht wird: Mt 2,1; Mt 2,23; Mt 4,13; Mk 1,9; Mk 1,24; Mk 10,46; Mk 14,67; Lk 2,51; Lk 4,16; Lk 7,11; Lk 19,1; Joh 2,1; Joh 5,1. Tragt die Orte in eure Palästina-Karte ein.

■
Malt Bilder zu Szenen aus dem Leben Jesu, die zu den Orten passen, und klebt sie in die Karte ein. Ihr könnt auch Bilder mit Szenen kopieren und aufkleben.

■■
Sammelt Informationen zu den verschiedenen Gruppen in Israel (z.B. im Lexikon). Fasst in jeweils einem Satz zusammen, was die Gruppe kennzeichnete.

■
Es gibt Bastelbögen vom Tempel in Jerusalem zur Zeit Jesu, die ihr in Gruppen ausschneiden und zusammenkleben könnt.

■■
Besorgt euch eine Beschreibung und Bilder des Tempels und stellt einen möglichen Rundgang zusammen, bei dem ihr euren Mitschülerinnen und Mitschülern wichtige Teile des Tempels erklärt.

Jüdisches Leben zur Zeit Jesu

Den Sabbat achten

Auf dem Heimweg von der →Synagoge lief Micha neben seinem Vater her. Der zählte seine Schritte. Am →Sabbat waren nämlich nicht mehr als etwa 1000 Doppelschritte erlaubt. „Warum ist das so?", wollte Micha wissen. „Das hat mehrere Gründe", antwortete der Vater. „Zuerst soll die Sabbatruhe an den siebten Tag der Schöpfung erinnern, an dem Gott ruhte, als er sein Werk vollendet hatte. Sie erinnert aber auch an die Befreiung aus Ägypten, bei der Gott sich sozusagen ein freies, neues Volk geschaffen hat. Später kam die Erinnerung an die Rückkehr aus der babylonischen Gefangenschaft dazu. Aber weil sich die Juden in noch späterer Zeit gestritten haben, was unter „Ruhe" einerseits und „geschäftigem Treiben" andererseites zu verstehen sei, legten die Schriftgelehrten eine genaue Zahl der Schritte fest."

Ärger mit den Römern

Da wurde ihr Gespräch plötzlich durch ein großes Geschrei unterbrochen und sie sahen, wie in einer Seitengasse ein Mann in den Staub stürzte. Er war von einem römischen Soldaten gestoßen worden. „Habt doch Nachsicht mit mir! Ich kann eure Last nicht bis nach Cäsarea tragen. Es ist Sabbat und nach Cäsarea ist es weit", bat der Schmied Eli den Römer. Aber der versetzte ihm einen solchen Schlag, dass Eli nichts anderes übrigblieb, als die Last wieder aufzunehmen,

wenn er nicht zu Tode geprügelt werden wollte. Große Traurigkeit lag in seinen Augen.
Als Micha und der Vater am Haus von Michas Freund Daniel vorbeikamen, wollte er ihn gleich besuchen und ihn fragen, ob er mit ihm spielen möchte. „Du bleibst hier", herrschte der Vater ihn an. „Ich erlaube dir nicht, mit ihm zu spielen." „Aber warum nicht?" „Daniels Vater ist ein →Zöllner und das sind Sünder, weil sie für die Römer arbeiten. Sie pressen hohe Steuern aus den Menschen heraus. Außerdem sind die Römer unrein, weil sie Heiden sind. Wer mit ihnen Umgang pflegt, wird auch unrein. Auch ihr Geld ist unrein. Man darf davon keine Tempelsteuer bezahlen."

Da kann nur der Messias helfen!

„Ach", stöhnte Micha, „diese Römer bringen es fertig, die Juden gegeneinander aufzuhetzen, dabei leiden doch alle unter den Römern. Wer kann da noch helfen?" „Hast du gehört, was der Rabbi heute in der Synagoge vorgelesen hat?", erwiderte der Vater:

„Seht, das ist mein Knecht, den ich stütze;
das ist mein Erwählter, an ihm finde ich Gefallen.
Ich habe meinen Geist auf ihn gelegt,
er bringt den Völkern das Recht." (Jes 42,1)

„Und wer ist dieser Erwählte?", fragte Micha. „Hast du es nicht gehört? Es ist der →Messias."

■ Lies den Text und fasse zusammen, was du darin über das Leben der Juden zur Zeit Jesu erfährst.

■ In Rietberg (Ostwestfalen) gibt es ein Bibeldorf als Freiluftmuseum. Informiere dich, z.B. im Internet, über das Bibeldorf und gestalte in Partnerarbeit dazu ein Plakat.
Wenn es euch möglich ist, plant mit eurer Klasse einen Besuch im Bibeldorf. Ihr könnt euch in die Zeit Jesu zurückversetzen und z.B. Arbeitsgeräte ausprobieren, mit denen die Menschen damals ihre Berufe ausübten und ihren Lebensunterhalt bestritten.

Mit dem Reich Gottes ist es wie …

Jesus lebte aus der engen Verbindung zu Gott, seinem Vater. Er wusste, wie Gott in jedem einzelnen Menschen und in der Welt wirken kann. Um den Menschen eine Ahnung von dieser Nähe Gottes und seinem verborgenen Wirken, dem →Reich Gottes, zu geben, redete Jesus in Gleichnissen und Vergleichen. Darin geht es immer um große Veränderungen. Die Geschichten aus dem Alltag erzählen vom Säen, Pflanzen und Backen, aber sie lassen dahinter das Wirken Gottes erahnen.

Womit soll ich das Reich Gottes vergleichen? Es gleicht einem Sauerteig, den eine Frau nahm und unter drei Scheffel Mehl mengte, bis es ganz durchsäuert war.

Lk 13,20–21

Ein Sämann ging hinaus, um zu säen. Als er säte, fiel ein Teil auf den Weg, und die Vögel kamen und fraßen es. Ein anderer Teil fiel auf felsigen Boden, wo es nur wenig Erde gab, und ging sofort auf, weil das Erdreich nicht tief war; als aber die Sonne hoch stieg, wurde die Saat versengt und verdorrte, weil sie keine Wurzeln hatte. Wieder ein anderer Teil fiel in die Dornen und die Dornen wuchsen und erstickten die Saat und sie brachte keine Frucht. Ein anderer Teil schließlich fiel auf guten Boden und brachte Frucht; die Saat ging auf und wuchs empor und trug dreißigfach, sechzigfach und hundertfach. Und Jesus sprach: Wer Ohren hat zum Hören, der höre!

Mk 4,3–9

Mit dem Reich Gottes ist es so, wie wenn ein Mann Samen auf seinen Acker sät; dann schläft er und steht wieder auf, es wird Nacht und wird Tag, der Samen keimt und wächst, und der Mann weiß nicht, wie. Die Erde bringt von selbst ihre Frucht, zuerst den Halm, dann die Ähre, dann das volle Korn in der Ähre. Sobald aber die Frucht reif ist, legt er die Sichel an; denn die Zeit der Ernte ist da.

Mk 4,26–29

■
Welche der drei Geschichten würdest du als Vergleich, welche als →Gleichnis bezeichnen? Begründe deine Entscheidung.

■■
Die Wörter „Samen", „Dornen", „Sauerteig" sind Bildwörter. Finde ihre Bedeutung heraus.

■■■
Diskutiert in der Gruppe, welche Bedeutung die Gleichnisse Jesu für die Menschen heute haben könnten. Schreibt eure Ergebnisse auf ein Plakat.

Vincent van Gogh, 1888

■ Erschließe das Bild mithilfe der Schritte zur Bildbetrachtung auf *Ideenseite 82*. Welche Elemente des Bildes erinnern dich an die Gleichniserzählung Jesu?

■ Spielt das Gleichnis vom Sämann als Pantomime nach. Macht z.B. die Bewegung beim Säen nach; die Vogel-schwärme kommen gierig und aufgeregt; die Saat verdorrt unter der sengenden Sonne; Dornen ersticken die jungen Pflanzen; die Saat geht auf und bringt reiche Frucht.

■ Erzählt von euren Erfahrungen beim Spielen der einzelnen Rollen.

Jesu Botschaft und die Antwort der Menschen

Maria von Magdala, Johanna und Susanna

Er wanderte von Stadt zu Stadt und von Dorf zu Dorf und verkündete das Evangelium vom Reich Gottes. Die Zwölf begleiteten ihn und auch einige Frauen, die von bösen Geistern und Krankheiten geheilt worden waren: Maria, genannt Magdalena, aus der sieben Dämonen ausgefahren waren, Johanna, die Frau des Chuzas, eines Beamten des Herodes, Susanna und viele andere. Sie alle unterstützten Jesus und die Jünger mit ihrem Vermögen. Lk 8,1–3

Levi

Jesus ging wieder hinaus an den See. Da kamen Scharen von Menschen zu ihm und er lehrte sie. Als er weiterging, sah er Levi, den Sohn des Alphäus, am Zoll sitzen und sagte zu ihm: Folge mir nach! Da stand Levi auf und folgte ihm nach. Mk 2,13–14

Petrus

Jesus betete für sich allein und die Jünger waren bei ihm. Da fragte er sie: Für wen halten mich die Leute? Sie antworteten: Einige für Johannes den Täufer, andere für Elija; wieder andere sagen: Einer der alten Propheten ist auferstanden. Da sagte er zu ihnen: Ihr aber, für wen haltet ihr mich? Petrus antwortete: Für den Christus (Gesalbten) Gottes. Lk 9,18–20

Simon, Andreas, Jakobus und Johannes

Als Jesus am See von Galiläa entlangging, sah er Simon und Andreas, den Bruder des Simon, die auf dem See ihre Netze auswarfen; sie waren nämlich Fischer. Da sagte er zu ihnen: Kommt her, mir nach! Ich werde euch zu Menschenfischern machen. Und sogleich ließen sie ihre Netze liegen und folgten ihm nach. Als er ein Stück weiterging, sah er Jakobus, den Sohn des Zebedäus, und seinen Bruder Johannes; sie waren im Boot und richteten ihre Netze her. Sogleich rief er sie, und sie ließen ihren Vater Zebedäus mit seinen Tagelöhnern im Boot zurück und folgten Jesus nach. Mk 1,16–20

Schriftgelehrte

Man brachte einen Gelähmten auf seinem Bett zu ihm. Als Jesus ihren Glauben sah, sagte er zu dem Gelähmten: Hab Vertrauen, mein Sohn, deine Sünden sind dir vergeben! Einige Schriftgelehrte dachten: Er lästert Gott. Mt 9,2–3

Jesus forderte die Menschen durch sein Leben und seine Worte zur Stellungnahme heraus.

▪ Schreibt auf, welche Gründe sie haben, ihm entweder zu folgen oder ihn abzulehnen.

▪▪ Führt ein Streitgespräch zwischen Jesus-Nachfolgern und Jesus-Kritikern.

Codex aureus, Echternach, 1030–1050

In einem kostbaren Evangelienbuch hat ein Mönch vor fast 1000 Jahren die Szene von der Berufung des Matthäus festgehalten. Jesus geht am Zollhaus des Matthäus vorüber.

■

Womit ist Matthäus gerade beschäftigt?

■■

Beschreibt das Verhalten der dargestellten Personen und achtet dabei auf die Handbewegungen.

■■

Welches Gespräch könnten die Personen, die das Geschehen beobachten, gerade miteinander führen? Spielt die Szene nach. Lest in der Bibel nach, wie die Geschichte weitergegangen ist (Mt 9,9–13).

■■■

Das Bild stammt aus einem Evangeliar von Echternach. Recherchiert darüber.

Was die Leute von IHM sagen

die lügner sagen
er ist ein lügner
die dichter sagen
er ist ein dichter
die propheten sagen
er ist ein prophet
die revolutionäre sagen
er ist ein revolutionär
die heiligen sagen
er ist ein heiliger
die mächtigen sagen
er ist gefährlich
die besitzenden sagen
er ist ein kommunist
die nichtssagenden
sagen nichts
die bürger fühlen
sich beunruhigt
die lebenden sagen
er empfindet wie wir

die verlorenen sagen
er hat uns gefunden
die hungrigen sagen
er ist unser brot
die blinden sagen
wir sehen alles neu
die stummen sagen
wir wagen es wieder
den mund aufzutun
die tauben sagen
es lohnt sich
ihm zuzuhören
die lügner sagen
er hat uns gemeint
die mächtigen haben
das letzte Wort
oder das vorletzte
auf jeden fall
weg mit ihm

wilhelm willms

Eines Tages kam einer

T: Alois Albrecht/M: Peter Janssens
© Peter Janssens Musik-Verlag

1. Ei-nes Ta-ges kam ei-ner, der hat-te ei-nen Zau-ber in sei-ner Stim-me, ei-ne Wär-me in sei-nen Wor-ten, ei-nen Char-me in sei-ner Bot-schaft.

2. Eines Tages kam einer,
der hatte eine Freude in seinen Augen,
eine Freiheit in seinem Handeln,
eine Zukunft in seinen Zeichen.

3. Eines Tages kam einer,
der hatte eine Hoffnung in seinen Wundern,
eine Kraft in seinem Wesen,
eine Offenheit in seinem Herzen.

4. Eines Tages kam einer,
der hatte einen Vater in den Gebeten,
einen Helfer in seinen Ängsten,
einen Gott in seinem Schreien.

5. Eines Tages kam einer,
der hatte einen Geist in seinem Herzen,
eine Treue in seinen Leiden,
einen Sinn in seinem Sterben.

6. Eines Tages kam einer,
der hatte einen Schatz in seinem Himmel,
ein Leben in seinem Tode,
eine Auferstehung in seinem Grabe.

Ein Jesus-Spiel aufführen

- ⊙ Wenn ihr euch gerne mit Standbildern, Pantomime oder Spielen mit verteilten Rollen beschäftigt, könnt ihr eine Jesus-Geschichte nachspielen. Bereitet sie in Kleingruppen vor und führt sie der ganzen Religionsgruppe oder auch bei einem Fest oder Gottesdienst in der Schule oder Pfarrgemeinde vor.

- ⊙ Ihr könnt aber auch ein ganzes Jesus-Spiel, z.B. nach dem Markus-Evangelium, zusammenstellen. Sucht eine Mitschülerin oder einen Mitschüler als Regisseur aus, verteilt die Rollen, erarbeitet ein Drehbuch für die einzelnen Szenen, bastelt Bühnenbilder, schneidert Kostüme, wählt Hintergrundmusik aus oder macht selbst mit (Körper-)Instrumenten Musik dazu. Vergesst nicht Perücken, Bärte und Schminke. Übt die Szenen so lange ein, bis ihr eure Rollen gut beherrscht.

- ⊙ Wählt eine oder mehrere Geschichten aus dem Markus-Evangelium aus, die ihr spielen wollt, z.B. die Heilung eines Gelähmten (Mk 2,1–12), der Sturm auf dem See (Mk 4,35–41) oder die Ablehnung Jesu in seiner Heimat (Mk 6,1–6a).

(M)Ein Bild von Jesus

■
Zu Beginn habt ihr ein Plakat mit eurem Wissen über Jesus und euren Vorstellungen von Jesus angefertigt. Betrachte das Plakat wieder und überlege, ob und wie du es überarbeiten willst. Was möchtest du ergänzen, was korrigieren? Welche weiteren Fragen hast du? Notiere sie in dein Heft.

■■
Stell dir vor, du sollst einem Menschen von Jesus erzählen, der noch nie von ihm gehört hat. Was möchtest du ihm erzählen? Schreibe drei Aussagen über Jesus auf, die du auf jeden Fall weitererzählen willst. Begründe, warum dir gerade diese besonders wichtig sind.

■■
Jeder Mensch stellt sich Jesus anders vor. Das Bild auf *Titelseite 79* zeigt ein Jesus-Porträt aus vielen kleinen Bildern mit Gesichtern von Menschen heute. Erläutere, was das Bild ausdrücken könnte. Berücksichtige dabei, was du im Laufe des Kapitels über Jesus erfahren hast.

Noch Fragen?

Was möchtest du noch über Jesus erfahren? Überlege, wen du zu Jesus befragen könntest. Notiere deine Fragen.

Raimer Jochims, 1983

7 Jesus Christus

Erinnere dich!

- Wie und wo hat Jesus gelebt?
- Bedeutung des Osterfestes
- Das Kreuz als christliches Symbol
- Darstellungen des Kreuzes

Zu Bet - le - hem ge - bo - ren

Du bist Licht und du bist Le - ben,

Chri - stus, un - se - re Zu - ver - sicht.

Rembrandt, um 1655

Herr Je - su Christ, dich zu uns wend

Je - sus lebt, mit ihm auch ich!

O du hoch - hei - lig Kreu - ze

Lass uns in dei - nem Na - men,

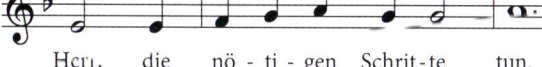

Herr, die nö - ti - gen Schrit - te tun.

Evangeliar von Echternach, 1030–1050

Erfahren und lernen:

- ⊙ Den Namen „Jesus Christus" als Glaubensbekenntnis verstehen
- ⊙ Die Worte und Taten Jesu als Ursache von Konflikten wahrnehmen
- ⊙ Die Bedeutung der Worte und Taten Jesu für heute erkennen

Kreatives Gestalten

Der Künstler Raimer Jochims hat eine ungewöhnliche Kreuzform (siehe *Titelseite 95*) geschaffen und sie „Kreuzblüte" genannt.
Damit wollte er ausdrücken: Das Kreuz ist nicht nur ein Zeichen des Todes, sondern auch des Lebens, denn Jesus hat den Tod verwandelt in Leben.

■ Gestaltet mit verschiedenen Materialien, z.B. Holz, Papier, Styropor, Strohhalmen, ein Kreuz für euer Klassenzimmer oder Kreuze für euch persönlich. Wie Raimer Jochims könnt ihr damit gleichzeitig Tod und Leben ausdrücken.

■ Veranstaltet mit euren Kunstwerken eine Ausstellung in der Schule und erklärt eure Ideen.

Foto-Recherche

Forscht in eurer Stadt/eurer Gemeinde nach Kreuzesdarstellungen und fotografiert sie.

Ordnet die Fotos in Kategorien (Kreuze an oder in Kirchen, an Häusern, am Straßenrand, auf Plakaten, in Schaufenstern etc.). Notiert zu jedem Foto, wann und wo ihr es aufgenommen habt.

Mit den Fotos könnt ihr die Ausstellung eurer selbst gemachten Kreuze erweitern.

Lieder über Jesus

Recherchiere, auf welche Situationen im Leben Jesu sich die Liedanfänge auf *Themenseite 96/97* beziehen. Schlage eines der Lieder im Gotteslob nach und schreibe einen Gedanken daraus auf, der dir wichtig ist. Natürlich könnt ihr eines der Lieder auch singen.

Bilder von Jesus, Bilder von Christus

Sammelt Bilder von Jesus und entscheidet, welchem ihr lieber den Namen Jesus oder Christus geben wollt. Beziehet dabei auch die Bilder auf *Themenseite 96/97* ein. Teilt euch gegenseitig eure Meinungen mit und begründet sie. Ihr könnt dazu auch auf *Infoseite 100* Informationen nachlesen.

Szenen aus dem Leben Jesu

Malt in Einzelarbeit Szenen aus dem Leben Jesu. Klebt dann die Szenen zu einem Leporello zusammen und gestaltet es als Weg Jesu. Sprecht euch vorher ab, wer von euch welche Szene malen will.

Ein Satz aus der Botschaft Jesu

Jesus hat viele bedenkenswerte Sätze gesprochen. Wähle aus den Jesus-Geschichten, z.B. in Kapitel 5 und Kapitel 6, einen aus, der dir besonders gut gefällt. Du kannst auch in der Schulbibel nachlesen.

Schreibe den Satz in Spiralform auf ein Blatt Papier und schneide die Spirale aus und ziehe durch den Mittelpunkt einen Faden, den du festknotest. Du kannst sie z.B. über deinem Schreibtisch aufhängen und dich so immer wieder an den Satz erinnern.

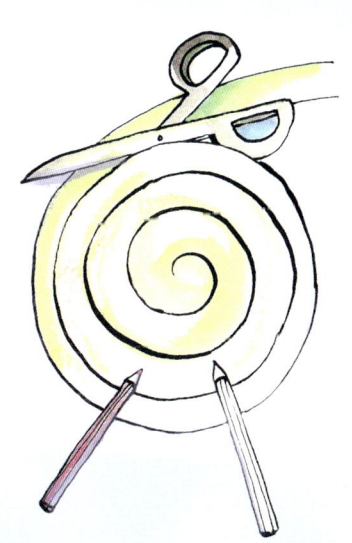

Jesus ist der Christus

Wenn beim Gottesdienst ein Abschnitt aus dem Evangelium vorgelesen wird, beginnt er meistens so: „In jener Zeit kam Jesus ...“ oder: „Jesus sprach zu seinen Jüngern …“. Wenn aber der Priester zu Ende gelesen hat, sagt er immer: „Evangelium unseres Herrn Jesus Christus“ und die Gemeinde antwortet: „Lob sei dir, Christus“. – Wann sagen wir „Jesus“ und wann „Christus“? „Jesus“ ist der persönliche Name, Christus ist ein Titel. Er stammt aus dem Griechischen und bedeutet „der Gesalbte“, auf Hebräisch Messias. So nannte man den, der zum König bestimmt wurde. Jesus ist aber nicht als menschlicher König eingesetzt, sondern er ist der Gesalbte Gottes, das heißt der Sohn Gottes. Der Apostel Paulus, dem v.a. die Auferstehung Jesu und damit unsere → Erlösung wichtig war, verwendete in seinen Briefen für Jesus meistens den Titel „Christus“, z.B.: ...

Christus ist für uns gestorben,
er ist begraben worden.
Er wurde am dritten Tage auferweckt.
nach 1 Kor 15,3–4

Wenn wir „Jesus“ sagen, denken wir an sein Leben auf Erden, an seine Worte und Taten, an sein Leiden und Sterben. Wenn wir „Christus“ sagen, denken wir an den auferstandenen Sohn Gottes.

> Der Bindestrich zwischen Jesus und Christus ist Ostern.

■
Lest das Glaubensbekenntnis der Kirche im GL 586. Findet heraus, welche Textabschnitte man dem Namen Jesus, welche dem Namen Christus zuordnen könnte.

■■
Erkläre, was der Name „Jesus Christus“ bedeutet. Formuliere dazu einen Merksatz.

■■■
Erläutere mit deinen eigenen Worten auch die Aussage des Satzes „Der Bindestrich zwischen Jesus und Christus ist Ostern“.

■■■
In Gotteshäusern oder auf christlichen Gegenständen kann man oft das nebenstehende Symbol sehen. Recherchiert, was es bedeutet. Dazu muss man wissen, dass das Wort „Christus“ auf Griechisch so aussieht: ΧΡΙΣΤΟΣ.

Kuppel der Kirche San Clemente, Rom

In der Kirche San Clemente in Rom ist das Kreuz als Zeichen des Lebens dargestellt.

■

Beschreibt die Symbole, die darauf hinweisen.

■■

Einige dieser Symbole enthalten Anspielungen auf die Bibel. Ihr findet sie heraus, wenn ihr Ps 23,2 und Joh 15,5 nachschlagt. Womit wird das Kreuz hier jeweils in Beziehung gebracht?

■■■

Auch im Gotteslob gibt es Lieder, die das Kreuz als Zeichen des Lebens und der Hoffnung herausstellen: GL 291; 294; 296; 297; 299. Sucht ein Lied aus und teilt eure Überlegungen der Klasse mit.

Jesus lebt, mit ihm auch ich

Im Glauben an die Auferstehung

Aus einem Brief des Kaplans Hermann Lange aus Lübeck (31 Jahre) an seine Eltern, kurz vor seiner Hinrichtung durch die Hitler-Schergen am 10. November 1943:

„Wenn ihr diesen Brief in Händen haltet, weile ich nicht mehr unter den Lebenden! Das, was nun seit vielen Monaten unsere Gedanken immer wieder beschäftigte und nicht mehr loslassen wollte, wird nun eintreten. … Wenn ihr mich fragt, wie mir zumute ist, kann ich euch nur antworten: ich bin erstens froh bewegt, zweitens voll großer Spannung! … Welcher Trost, welch wunderbare Kraft geht doch aus vom Glauben an Christus, der uns im Tod vorangegangen ist. An ihn habe ich geglaubt und gerade heute glaube ich fester an ihn und ich werde nicht zuschanden werden …"

Was sucht ihr den Lebenden bei den Toten? Er ist nicht hier, sondern er ist auferstanden.
Lk 24,5

Denn wenn wir mit ihm verbunden und ihm gleich geworden sind in seinem Tod, so werden wir ihm auch in der Auferstehung gleich sein.
Röm 6,5

Auch wenn es kaum zu glauben ist – es gab viele Christen, die voller Hoffnung den Tod angenommen haben, weil sie wussten: Mit Jesus Christus bleiben wir nicht im Tod, sondern werden mit ihm leben.

■ Im Gotteslob (Nr. 311–338) findet ihr viele Lieder, die das zum Ausdruck bringen. Wählt ein Lied, eine Strophe oder einen einzelnen Satz aus. Gestaltet damit und mit passenden Texten und Bildern ein Oster-Plakat.

■ Sucht die Bibelstelle Lk 24,5 im Neuen Testament und lest die ganze Erzählung. Tauscht euch darüber aus.

■■■ Auch Röm 6,5 spricht von Auferstehung. Vergleicht die beiden Bibelstellen.

■■ Erkundigt euch über Hermann Lange und die Lübecker Kapläne, die dasselbe Schicksal erlitten haben. Verfasst eine Kurzbiografie über sie.

Fresko, Chora-Kloster, Istanbul, 14. Jahrhundert

Die Auferstehung Jesu wurde in mittelalterlichen Bildern oft mit der Auferstehung aller Menschen verbunden. Diese Darstellungsform nennt man „Anastasis" (Auferstehung).
Beschreibt, was in dem Bild dargestellt ist. Sucht im Internet nach weiteren Anastasis-Bildern.

Deuteseite

Was Menschen über Jesus denken – damals und heute

Er ist ein Prophet.
Joh 9,17

Woher hat er das alles? Was ist das für eine Weisheit, die ihm gegeben ist! Mk 6,2

Wie kann dieser Mensch so reden? Er lästert Gott. Mk 2,7

Du bist der Christus (Gesalbte), der Sohn des lebendigen Gottes. Mt 16,16

Noch Fragen?

Auferstehung

Sie zählten dich unter die Missetäter

Sie beschlossen deinen Tod

Sie gruben dich ein

Doch es ging auf die gefährliche Saat

das unzerstörbare Leben

das brachte den Stein ins Rollen

Sie wollten dich unter die Erde bringen

aber

sie brachten dich unter die Leute.

Lothar Zenetti

■ Und heute? Wie denkt ihr über Jesus? Was halten Erwachsene von ihm? Für viele ist Jesus mehr als ein Vorbild. Wer ist Jesus für dich? Veranstaltet eine Umfrage.

Perikopenbuch Heinrich II, um 1000

8 Vom Geist Gottes bewegt – die Kirche

Erinnere dich!

- Personen, die mitgeholfen haben, das Christentum unter den Menschen zu verbreiten
- Verschiedene Arten, wie Menschen von Gott sprechen

Darum geht und macht alle Völker zu meinen Jüngern; tauft sie auf den Namen des Vaters und des Sohnes und des Heiligen Geistes und lehrt sie, alles zu befolgen, was ich euch geboten habe.

Mt 28,19–20a

Im Anfang erschuf Gott Himmel und Erde. Die Erde war wüst und wirr und Finsternis lag über der Urflut und Gottes Geist schwebte über dem Wasser.

Gen 1,1–2

Der Geist des Herrn erfüllt das All

GL 347, T: Maria Luise Thurmair, 1941/M: Melchior Vulpius, 1609

1. Der Geist des Herrn erfüllt das All mit Sturm und
er krönt mit Ju - - - bel Berg und Tal, er lässt die
Feu - ers-glu - ten,
Was - ser flu - ten. Ganz ü - ber - strömt von Glanz und Licht er - hebt die
Schöp - fung ihr Ge - sicht, froh - lo - ckend: Hal - - le - lu - ja.

Die Frucht des Geistes aber ist Liebe, Freude, Friede, Langmut, Freundlichkeit, Güte, Treue, Sanftmut und Enthaltsamkeit.

Gal 5,22–23

Ihr werdet meine Zeugen sein ... bis an die Grenzen der Erde.

Apg 1,8

Denn die Liebe Christi drängt uns.

2 Kor 5,14

Erfahren und lernen:

⊙ Aus dem Glauben an Jesus Christus ist die Kirche entstanden.

⊙ Die Arbeit der Apostel, z.B. von Paulus und Petrus, war wichtig für die Urkirche.

Eine Stoffsammlung und Präsentation anlegen

Auf Plakaten könnt ihr zu einem Thema Material sammeln und übersichtlich gliedern, oder Arbeitsergebnisse zusammenfassen und präsentieren. Ihr braucht große Papierbögen, Stifte, Klebstoff, Fotos, Zeitungsartikel etc.

▪ Sammelt, was ihr z.B. über die Apostel wisst oder gehört habt. Schreibt alles nach Themen geordnet auf ein Plakat. Die Überschriften der Doppelseiten in diesem Kapitel können euch dabei helfen.

▪ Klebt zu den einzelnen Bereichen evtl. Fundstücke, z.B. Fotos oder Zeitungsausschnitte. Hängt die Plakate gut sichtbar im Klassenzimmer auf. So könnt ihr überprüfen, ob ihr alles bedacht habt oder ob z.B. noch Fragen offen sind.

Wer war Petrus?

Lest in der Bibel die folgenden Texte nach und stellt wichtige Stationen im Leben des Petrus zusammen: Mt 4,18–20; Mt 16,18; Mt 16,19; Mt 26,75; Joh 21,15–16.

Pfingsttag in Jerusalem

Lest in der Bibel Apg 2,1–42 und gestaltet in Gruppenarbeit für eine Nachrichtensendung einen Beitrag unter dem Titel „Pfingsttag in Jerusalem". Ihr braucht dazu: einen Ansager, einen Berichterstatter „vor Ort", Reporter, die Interviews mit den Menschen in Jerusalem und den Aposteln führen, sowie einen Sprecher, der die Rede des Petrus (Apg 2,14–36) wiedergibt.

Von den Anfängen berichten

Die Christen haben ihren Glauben von Anfang an auf das Zeugnis der Apostel und der Jüngerinnen und Jünger Jesu gestützt.
Wähle ein Beispiel aus, lies in der Bibel nach und berichte den anderen darüber.

▸ Mt 28,1–8: Die Auferstehung Jesu
▸ Apg 2,1–42: Die Sendung des Geistes an Pfingsten
▸ Apg 2,42–47: Die Gemeinschaft
▸ Apg 6,1–7: Die Wahl der Sieben
▸ Apg 7,51–60: Die Steinigung des Stephanus
▸ Joh 14,26: Der Beistand des Geistes

Darstellungen vom Geist Gottes

Es gibt verschiedene Symbole, um den Geist Gottes darzustellen. Besucht eine Kirche und sucht darin nach Darstellungen. Wählt eine aus und malt sie in euer Religionsheft. Was könnte sie bedeuten? Schreibt eure Deutung neben das Bild.
Manchmal sprechen die Christen von den sieben Gaben des Heiligen Geistes. Schlagt nach im Gotteslob 29,4 und erklärt, was darunter zu verstehen ist.
Das Lied GL 342 nennt Bildworte vom Heiligen Geist. Sammelt sie in einer Liste und deutet sie.

Dem Wort „Geist" nachspüren

Ihr gestaltet gemeinsam ein Plakat. Dazu nehmt ihr Bilder aus Zeitschriften, Zeitungen und Computerausdrucken. Diese sortiert ihr unter folgenden Gesichtspunkten:

Hier herrscht ein guter Geist.
Hier herrscht ein unguter Geist.

Überlegt auch, bei welchen Bildmotiven es euch schwerfällt, sie einer bestimmten Seite zuzuordnen.

Gemeinden früher und heute

Sammelt Pfarrbriefe aus euren Pfarreien und vergleicht die heutigen Angebote und Aktivitäten mit der Erzählung über die frühen Christengemeinden in der Apostelgeschichte (vgl. Apg 2,42–47).

Deine Diözese kennenlernen

Die frühen christlichen Gemeinden wählten einen Vorsteher, den Episkopus, d.h. Bischof. Die Kirche besteht bis heute aus Bistümern oder Diözesen mit einem Bischof an der Spitze.

■
In welcher Diözese lebst du? Wie heißt der Bischof?
■
Sammle Bilder von der Bischofskirche (Dom) und erkundige dich über die →Bistumspatrone. Manchmal werden in einer Diözese mehrere Patrone verehrt.
■■
Auf der Homepage der Deutschen Bischofskonferenz (www.dbk.de) findet ihr eine Karte der Bistümer in Deutschland. Sucht darauf euer Bistum und informiert euch darüber. Gestaltet gemeinsam ein Plakat über euer Bistum (Bischofssitz, Patron(e), Anzahl der Christen, Aktivitäten etc.).

Petrus fasst neuen Mut

Wieder einmal hatten sich die Jüngerinnen und Jünger in einem Haus in → Jerusalem hinter verschlossenen Türen versammelt.

Da saßen sie nun und dachten daran, wie Jesus sich ihnen nach der Auferstehung zum letzten Mal gezeigt hatte. „Geht", hatte er gesagt, „und erzählt allen Menschen die frohe Botschaft von Gott, und habt keine Angst, denn ich bin immer bei euch!"

Aber dann war er von ihnen gegangen.

Hatte er sie nun endgültig verlassen? Was würde passieren, wenn sie jetzt hinausgingen und von Jesus erzählten? Würde es ihnen dann nicht ebenso ergehen wie ihm selbst? Würde man sie nicht auch gefangen nehmen oder gar töten? Davor hatten sie große Angst.

Deshalb waren sie im Haus geblieben und hatten die Tür zugesperrt. Sie hatten allen Mut verloren. Zwar erinnerten sie sich daran, dass Jesus versprochen hatte, ihnen den Heiligen Geist als Helfer zu schicken. Aber darunter konnten sie sich nichts vorstellen. Wie sollte das zugehen? Diese Gedanken machten sie nur noch ratloser. Sie waren mutlos, ratlos, traurig, ängstlich.

Aber dann ist etwas geschehen.

Es war am jüdischen Erntedankfest. Plötzlich kam Leben in die Jüngerinnen und Jünger. Ihre Angst war wie weggeblasen. Alles war anders. Jetzt wagten sie die Türen zu öffnen. Sie eilten hinaus. Sie waren nicht mehr zu halten. „Jesus lebt!", schrien sie über den Marktplatz. Sie glühten vor Eifer und Begeisterung. Da waren genug Leute, die sie hören konnten, denn viele feierten das Erntedankfest in der Stadt. Viele waren sogar aus dem Ausland gekommen. „Was hat das zu bedeuten?", fragten die einen. „Die sind ja betrunken", sagten die anderen.

Und dann trat → Petrus auf, dieser Petrus, der sich bei der Verurteilung Jesu sogar vor einer Dienstmagd gefürchtet hatte.

Jetzt rief er mit feurigen Worten: „Hört, was ich euch zu sagen habe! Jesus, den ihr habt umbringen lassen, er lebt. Gott hat ihn auferweckt und ihn zum Herrn gemacht."

Als die Leute das hörten, traf es sie mitten ins Herz. Sie fragten Petrus und die übrigen Apostel: „Was sollen wir tun?"

Petrus antwortete ihnen: „Glaubt an Jesus und lasst euch auf seinen Namen taufen! Dann werdet auch ihr den Heiligen Geist empfangen."

Alle, die sein Wort annahmen, wurden getauft und ihre Zahl war groß. Jetzt sind die Jüngerinnen und Jünger furchtlos, mutig, eifrig, entschlossen, begeistert.

Apg 2 beschreibt, was an Pfingsten geschehen ist. In dieser Nacherzählung wurden die Bildworte aufgelöst.

■ Vergleicht die Geschichte mit Apg 2 und erklärt die Bedeutung der Bildworte.

■ Drückt die gegensätzlichen Erfahrungen von Mutlosigkeit und Aufbruchsstimmung mit Gesten aus.

■■ Stellt euch vor, ihr wäret beim Pfingstereignis dabei gewesen. Nun gebt ihr einem Reporter ein Interview.

Bernd Zimmer, 2002

Der moderne Künstler Bernd Zimmer hat ein Bild geschaffen, das den Betrachter/die Betrachterin an die Pfingsterzählung erinnert.

■ Vergleicht es mit der Darstellung des mittelalterlichen Buchmalers (*Titelseite 105*) und sprecht über die Unterschiede und Gemeinsamkeiten.

■■ Beschreibt, wie jeweils das Wirken des Geistes zum Ausdruck kommt.

■■ Betrachtet das Bild auf *Titelseite 105*. Was bedeuten die zwölf Strahlen, die von der →Geisttaube ausgehen?

Paulus auf neuen Wegen

Er stürzte zu Boden und hörte, wie ein Stimme zu ihm sagte: Saul, Saul, warum verfolgst du mich?
Er antwortete: Wer bist du, Herr? Dieser sagte: Ich bin Jesus, den du verfolgst.

Apg 9,4–5

Ich erkläre euch, Brüder und Schwestern: Das Evangelium, das ich verkündigt habe, stammt nicht von Menschen; ich habe es ja nicht von einem Menschen übernommen oder gelernt, sondern durch eine Offenbarung Jesu Christi empfangen.

Gal 1,11–12

Er, der uns einst verfolgte, verkündet jetzt den Glauben, den er früher vernichten wollte.

Gal 1,23

Im Leben des Apostels Paulus hat sich eine entscheidende Wende vollzogen. Am ausführlichsten erzählt davon die Apostelgeschichte. Aber auch Paulus selbst berichtet in seinem Brief an die Galater darüber.

■
Lest beide Texte in der Apostelgeschichte 9,1–22 und im Brief an die Galater 1,1–23.
Lasst euch von beiden Texten eine Kopie geben und unterstreicht die Gemeinsamkeiten und Unterschiede in verschiedenen Farben.

■■■
Einmal berichtet Paulus selbst, was er erfahren hat. Jahrzehnte später hat der Verfasser der Apostelgeschichte es noch einmal erzählt und einen anderen Schwerpunkt gesetzt.
Findet heraus, was dem Apostel Paulus wichtig war und was die Apostelgeschichte betonen wollte.

■■
Paulus hat sich gewandelt und ein neues Leben mit Christus begonnen. Stellt seine Wandlung, seine Bekehrung mit Farben; mit Klängen, als Tanz oder als Pantomime dar.

■■
Das Bild auf *Deuteseite 113* stellt mehrere Szenen aus Apg 9,1–22 gleichzeitig dar. Gebt den einzelnen Szenen eine Überschrift. Nehmt dazu den Bibeltext zu Hilfe.

Handschrift aus der Biblioteca Apostolica Vaticana, 6. Jahrhundert

Deuteseite

Paulus gründet Gemeinden

Paulus stammte aus Tarsus in der heutigen Türkei. Damals gehörte die Stadt zum Römischen Reich. Weil ihre Bewohner im Jahr 47 v.Chr. Cäsar unterstützt hatten, wurde ihnen das römische Bürgerrecht verliehen. Paulus hieß als Jude Saulus und als Römer Paulus. Nachdem er sich für Christus entschieden hatte, reiste er durch das Römische Reich, um die Menschen von Christus zu überzeugen. Wenn er in eine Stadt kam,

besuchte er zuerst die jüdische Synagoge. Dort gründete er christliche Gemeinden, die am Anfang noch nicht von der Synagoge getrennt waren. Die Namen der Gemeinden kennen wir aus seinen Briefen. Weil diese Briefe auch für andere Christengemeinden interessant waren, wurden sie abgeschrieben und weitergegeben.

Als Paulus nach einer seiner Reisen wieder einmal in Jerusalem weilte, um Spendengelder zu überbringen, wurde er verhaftet, weil er angeblich Unruhe unter den Juden stiftete. Von Jerusalem aus brachten ihn die Römer als Gefangenen nach Rom, wo er vermutlich zwischen 63 und 67 n.Chr. als →Märtyrer enthauptet wurde.

■
Schlage im Neuen Testament die Empfänger der Paulus-Briefe nach und suche die Orte auf der Landkarte.

■■
Informiere dich über die Reisen des Paulus und schreibe die Stationen in dein Heft.

■■
Wähle aus dem ersten Brief an die Korinther einen Satz aus, den du für wichtig hältst, und schreibe ihn auf ein Blatt Papier. Klebt eure Blätter zu einer Buchrolle zusammen. Ihr könnt dann jeden Tag einen anderen Satz von Paulus lesen.

Griechisches Evangeliar, 1050–1100

Die Mitarbeiterinnen und Mitarbeiter von Paulus

Es war viel Arbeit, mit allen Gemeinden Kontakt zu halten. Paulus hatte deshalb eine stattliche Zahl von Mitarbeiterinnen und Mitarbeitern. In seinen Briefen sind 40 mit Namen genannt. Sie haben ihm zeitweise auch beim Schreiben geholfen, wie man es aus manchen Stellen in seinen Briefen herauslesen kann. Eine mittelalterliche Handschrift von 1084 zeigt Paulus mit Mitarbeitern, darunter eine Frau, wahrscheinlich → Thekla, die ihm beim Schreiben über die Schulter schaut.

In den folgenden Stellen findet ihr die Namen der Mitarbeiterinnen und Mitarbeiter des Paulus: 1 Thess 1,1; 1 Kor 1,1; 1 Kor 1,11–12; 1 Kor 16,19; Phlm 1–2; Phlm 23–24. Besonders viele Namen enthält die Grußliste in Röm 16,1–23. Bei einigen von ihnen wird auch ihre Stellung in der Gemeinde genannt.

■ Stellt eine Liste zusammen und versucht (im Internet oder in einem Lexikon), etwas über diese Personen herauszufinden.
Prüft nach, wie viele Frauen darunter sind.

Christen im alten Rom

Das Brotbrechen. Fresko in der sogenannten griechischen Kapelle der Priscilla-Katakomben

Um 150 n.Chr. Im Norden von Rom, dort wo die Salzstraße, die Via Salaria, vom Meer in die Sabiner Berge hinaufführt, lag die Villa des Manlius Acilius und seiner Frau Priscilla. Die Familie der Acilier war vornehm und reich. Man erzählt sich, dass Acilius und Priscilla ihren Reichtum aber nicht für sich behielten, denn sie waren Christen geworden. Eine Dienerin von Priscilla hatte ihnen von Jesus und seiner Botschaft erzählt. Es machte sie froh, dass Jesus alle Menschen liebte und dass er sie nicht dem Tod überlassen würde. Das war eine große Hoffnung für die Menschen im Römischen Reich, in dem das Leben der Armen wenig galt und in dem auch die Reichen und Angesehenen nicht sicher waren vor der Willkür des Kaisers. Acilius und Priscilla setzten ihr Vertrauen auf das Bekenntnis der ersten Christen:

Denn wenn du mit deinem Mund bekennst, dass Jesus der Herr ist, und in deinem Herzen glaubst, dass Gott ihn von den Toten auferweckt hat, so wirst du gerettet. Denn wenn man von Herzen glaubt, so wird man gerecht, und wenn man mit dem Munde bekennt, so wird man gerettet.

Röm 10,9–10

Sie hatten auch gehört, dass sich die Christen in Jerusalem in den Häusern trafen, um das Brot zu brechen und sich an das zu erinnern, was Jesus gesagt und getan hatte. Dabei priesen und dankten sie Gott. Priscilla und Acilius stellten den Christen einen großen Raum in ihrem Haus zur Verfügung, damit sie mit ihnen zusammen an jedem Sonntag die Eucharistie feiern konnten. Allmählich bildete sich aus dieser Hauskirche eine *communio*, d.h. eine Gemeinde, die sich gegenseitig unterstützte. Als eines Tages ein Gemeindemitglied starb, fragten die anderen: „Was soll nun mit ihm geschehen? Sollen wir ihn zu den allgemeinen Bestattungsorten der Stadt bringen?" Die Grabplätze am Stadtrand waren aber schwer zu bekommen und teuer, weil die Bevölkerung stark angewachsen war und die Bestattung der Toten in der Erde üblich geworden war. „Wäre es nicht besser", fragten sich die Christen der Gemeinde an der Via Salaria, „wenn wir auf einem Grundstück gemeinsam mit unseren Toten auf das Kommen des Herrn hoffen könnten?" Bisher war es aber nur reichen Familien möglich, ihre Toten in ihrer Nähe zu bestatten, denn sie besaßen auf ihrem Grundstück eine Familiengruft. So war es auch bei Priscilla und Acilius. Sie sagten: „Unsere Hauskirche ist für uns wie eine Familie. Die verstorbenen Christen sind unsere Schwestern und Brüder. Warum sollten wir sie nicht bei uns beisetzen?"

Viele Jahre später. Priscilla und Acilius waren längst tot. Priscilla hatte ihren Gatten um einige Jahre überlebt und dann ihren Besitz der Kirche geschenkt. Die ehemalige Familiengruft wurde im Lauf der Zeit zu einem weitverzweigten Gräberfeld ausgebaut, einer sogenannten Katakombe. Das sind unterirdische Friedhöfe. Der weiche vulkanische Tuffstein ließ sich leicht bearbeiten, und so konnte man lange unterirdische Gänge anlegen und die Verstorbenen in die Nischen legen, die links und rechts in die Seitenwände hineingeschlagen waren. Nach der Bestattung wurden die Nischen zugemauert, mit einer Inschrift versehen und mit einem Bild bemalt, das den Auferstehungsglauben der Christen ausdrückte. Besonders beliebt waren die Bilder vom guten Hirten, von der Auferweckung des Lazarus und von Jona im Fischbauch. Manchmal waren nur eine Palme, eine Taube, ein Fisch oder das Christuszeichen (siehe S. 100) eingeritzt. Doch wussten die Christen genau, was das bedeutete.

Wieder viele Jahre später. Immer wieder geschah es, dass römische Kaiser die Christen wegen ihres Glaubens verfolgen und hinrichten ließen. Sie glaubten nämlich, dass die Christen ihnen nicht treu ergeben waren, weil diese nicht den Kaiser, sondern Christus als ihren höchsten Herrn betrachteten. Diejenigen, die ihr Leben für Christus hingegeben hatten, die → Märtyrer, wurden ebenfalls in den Katakomben bestattet. Viele Christen verehrten besonders diese Gräber und pilgerten dorthin, um zu beten und die verstorbenen Märtyrer um Fürbitte bei Gott anzuflehen. Weil immer mehr Pilger kamen, wurde der Platz an den Gräbern zu eng. Deswegen errichtete man darüber eine Kirche. Unter der Regierung des Kaisers Konstantin, der den Christen freie Religionsausübung gewährt hatte, war dies möglich geworden. Später vergaßen die Menschen, dass sich unter der Kirche ein ganzer christlicher Friedhof befand. Erst nach vielen Jahrhunderten hat man ihn wieder entdeckt. In der Katakombe an der Via Salaria fand man eine Inschrift aus dem 4. Jahrhundert, auf der eine DOMINA PRISCILLA um Hilfe angerufen wird. Man erkannte darin die Stifterin des Friedhofs und nannte ihn deswegen Priscilla-Katakombe.

Gräbernischen im ersten Stockwerk der Priscilla-Katakombe

■
Welche Bedeutung hatten die Privathäuser für das frühe Christentum?

■■■
Der gute Hirte, die Auferweckung des Lazarus, Jona im Fischbauch – lest die biblischen Erzählungen Lk 15,3–7; Joh 10,11–18; Joh 11,17–44; Jona 1,3–2,11. Erläutert dann, warum diese Motive passende Bilder für den Auferstehungsglauben sind.

Eine freudige Nachricht breitet sich aus

T/M: Martin Gotthard Schneider

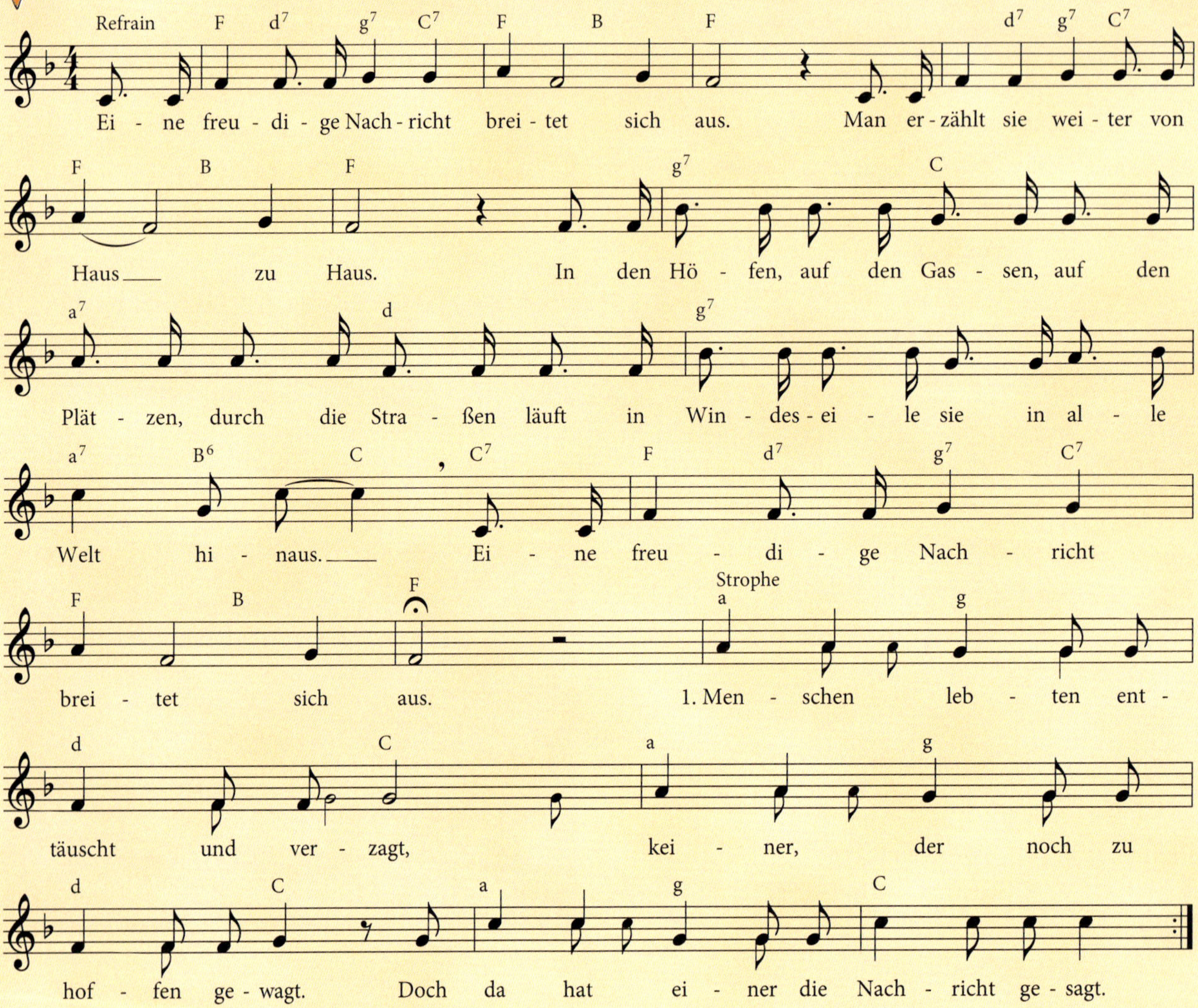

Refrain

Ei - ne freu - di - ge Nach - richt brei - tet sich aus. Man er - zählt sie wei - ter von

Haus zu Haus. In den Hö - fen, auf den Gas - sen, auf den

Plät - zen, durch die Stra - ßen läuft in Win - des - ei - le sie in al - le

Welt hi - naus. Ei - ne freu - di - ge Nach - richt

brei - tet sich aus.

Strophe

1. Men - schen leb - ten ent -

täuscht und ver - zagt, kei - ner, der noch zu

hof - fen ge - wagt. Doch da hat ei - ner die Nach - richt ge - sagt.

2. Erst war die Nachricht noch wie versteckt.
Drei oder vier, die haben's entdeckt
und haben die Nachbarn aufgeschreckt.

3. Türen und Fenster rissen sie auf,
schrien's die Straße hinunter, hinauf.
Und so nahm die Freude ihren Lauf.

4. Einer fragte den andern: „Du!
Hast du's gehört? Was sagst du dazu?"
Und Hunderte, Tausende wussten's im Nu.

5. Alle kamen, Alt, Jung, Klein und Groß,
Erwachsene, Kinder und freuten sich bloß.
Der Großvater sagte: „Was ist heute los?"

6. Das war ein Singen und Fröhlichsein,
ein Klatschen und Tanzen und Ringelreihn
und jeder fiel in den Jubel ein.

7. Und wer es hörte, irgendwann,
die Nachricht, die viele Menschen gewann,
für den fing ein neues Leben an.

Forschungsprojekt: Die zwölf Apostel

Der Überlieferung nach haben die Apostel das Evangelium von Jerusalem bis Spanien im Westen und Indien im Osten verbreitet. Auch bei uns gibt es viele Spuren der Apostel zu entdecken: Kirchen sind nach ihnen benannt, es gibt zahlreiche Bilder und andere Darstellungen von den Aposteln, ihre Gräber werden heute noch von vielen Christen verehrt.

In einem Projekt könnt ihr die Apostel und ihre Geschichten erforschen. Bildet dazu Experten-Teams zu verschiedenen Themen. Nach der Arbeitsphase präsentiert ihr euch gegenseitig die Ergebnisse eurer Arbeit, z.B. auf großen Plakaten, durch kurze Filme, Aufführungen. Ladet auch Mitschüler und Mitschülerinnen der anderen Klassen dazu ein.

Kunstexperten

Findet Bilder, Plastiken etc. mit Darstellungen der Apostel und stellt sie zu einer Ausstellung zusammen. Schreibt für jedes Kunstwerk eine kurze Erklärung (Künstler, Titel, Epoche, Technik). Denkt auch an das Symbol der Apostel.

Literaturexperten

- Erforscht die Lebensgeschichten der Apostel, erzählt sie nach und schreibt sie auf. Ihr könnt auch einen Steckbrief verfassen.
- Sammelt Legenden, die von den Aposteln überliefert sind.

Musikexperten

Findet Lieder über Apostel und den Auftrag der Apostel. Übt eines ein und erfindet dazu eine passende Begleitmusik oder eine Klangcollage.

Bibelexperten

- Lest im Neuen Testament Geschichten von den Aposteln (z.B. Mt 10,2–4; Lk 6,13–16; Apg 1,1–3; Apg 1,15–26; Apg 2,37–42; Apg 5,18–21a; Apg 15,12–16).
- Stellt sie in Rollenspielen oder als Standbild dar.

Reporter

- Macht oder findet Fotos von Kirchen, die einem Apostel geweiht sind, und stellt die Kirchen vor. Wenn ihr Fotos im Inneren der Kirche machen wollt, fragt vorher im Pfarrbüro um Erlaubnis.
- Auch wenn sich in einem Gotteshaus kein Apostelbild befinden sollte, so enthält es doch immer die Zeichen der zwölf Apostel. Findet sie heraus.
- Zeichnet auf einer Landkarte ein, wo es Apostelgräber gibt.
- Sammelt Geschichten von Menschen, die heute „Sendboten" sind. Porträtiert sie und beschreibt, wo und wie sie heute die Botschaft Jesu weitertragen.

Was Jesus den Christengemeinden aufgetragen hat

Bei euch aber soll es nicht so sein, sondern wer bei euch groß sein will, der soll euer Diener sein, und wer bei euch der Erste sein will, soll der Sklave aller sein.   Mk 10,43–44

Darum geht und macht alle Völker zu meinen Jüngern; tauft sie auf den Namen des Vaters und des Sohnes und des Heiligen Geistes und lehrt sie, alles zu befolgen, was ich euch geboten habe.   Mt 28,19–20

Wenn nun ich, der Herr und Meister, euch die Füße gewaschen habe, dann müsst auch ihr einander die Füße waschen. Ich habe euch ein Beispiel gegeben, damit auch ihr so handelt, wie ich an euch gehandelt habe.   Joh 13,14–15

Jeder, der sich vor den Menschen zu mir bekennt, zu dem werde auch ich mich vor meinem Vater im Himmel bekennen.   Mt 10,32

Amen, ich sage euch: Was ihr für einen meiner geringsten Brüder getan habt, das habt ihr mir getan.
Mt 25,40

Und er nahm Brot, sprach das Dankgebet, brach es und reichte es ihnen mit den Worten: Das ist mein Leib, der für euch hingegeben wird. Tut dies zu meinem Gedächtnis!   Lk 22,19

Noch Fragen?

■
Welche Aufgaben ergeben sich aus den Worten Jesu für die Christen?

■■
Erkundet in eurer Gemeinde, wie dort der Auftrag Jesu verwirklicht wird.

■■
Diskutiert darüber, wie ihr selbst den Auftrag Jesu im persönlichen Umfeld verwirklichen könnt.

Alle sollen eins sein: Wie du, Vater, in mir bist und ich in dir bin, sollen auch sie in uns sein, damit die Welt glaubt, dass du mich gesandt hast.   Joh 17,21

Rupprecht Geiger, 1971/1996

9 In der Kirche leben

Erinnere dich!

- deine Erstkommunion
- Feste und Feiern in deiner Familie
- Feste und Feiern in deiner Kirchengemeinde
- Bräuche und Traditionen zu kirchlichen Festen

Ohne Werktage kein Sonntag.
Ohne Fastenzeit kein Osterfest.
Ohne Advent kein Weihnachten.
Ohne Zustimmung zur Welt
kein Grund zum Feiern.
Ohne Gott kein Fest.

Brot, Wein: Früchte
der Sonne, der Erde,
der Göttinnen, Götter einst.

Und jetzt
der Leib, das Blut.

Und jetzt
seine Auferstehung.

Und jetzt
das Teilen.

Etwas wird
möglich, etwas
wie Heimat für alle.

Kurt Marti

Ihr seid das Volk, das der Herr sich ausersehn.
Seid eines Sinnes und Geistes.
Ihr seid getauft durch den Geist zu einem Leib.
Halleluja, Halleluja!

GL 483ö

Was feierst du?
Wann feierst du?
Wie feierst du?
Wo feierst du?
Mit wem feierst du?
Warum feierst du?
Kannst du überhaupt feiern?

Erfahren und lernen:

- Aufgaben der Kirche
- Feste im Kirchenjahr und ihre Bedeutung
- Bedeutung der Sakramente im Leben
  von Christinnen und Christen
- Gemeinsamkeiten und Unterschiede in
  der Glaubenspraxis der Konfessionen

Recherche

Recherchieren heißt, einen Sachverhalt oder einen Vorgang untersuchen und erforschen. Recherchiert und sammelt Informationen zum Thema „Kirchengemeinden in Deutschland", z.B. Anzahl der Gemeinden, Anzahl der Gläubigen etc.

- Überlegt zuerst, wo ihr Informationen finden könnt (im Internet, in Bibliotheken, in der Pfarrei etc.).

- Sucht und sammelt die Infos und macht euch Notizen. Schreibt auch auf, wo ihr die Informationen gefunden habt (Quelle).

- Sortiert die Informationen und wählt aus, was wichtig ist. Stellt zwei bis drei interessante Beispiele heraus.

- Ordnet alles verständlich und nachvollziehbar und präsentiert das Ergebnis eurer Recherche.

Sich auf Ostern vorbereiten

Nehmt buntes Tonpapier und schneidet für jede Woche in der Fastenzeit ein Blütenblatt aus. Überlegt euch dafür ein Bild, einen Satz etc., die zu Ostern hinführen, und schreibt, malt oder klebt sie auf das Blatt. Gestaltet auch die Mitte der Blüte.

Einen Festkalender gestalten

In Partner- oder Gruppenarbeit könnt ihr für jeden Monat zu einem christlichen Fest ein Blatt gestalten. Dazu braucht ihr einen Kalender, aus dem ihr die Festtage heraussuchen könnt.

Feste im Jahreskreis erkunden

- In jeder Familie werden im Laufe eines Jahres verschiedene Feste gefeiert. Bringe Fotos von solchen Festen mit und erzähle den anderen, welches Fest ihr gefeiert habt. Du kannst die anderen auch raten lassen, um welches Fest es sich handelt. Welche Feste sind kirchliche Feste? Anschließend fertigt ihr ein Plakat an, auf das ihr eure Fotos klebt und den Anlass des Festes mit einem Stichwort notiert.

- Ihr habt bisher sicherlich schon schöne, vielleicht aber auch misslungene Feste erlebt. Sammelt stichwortartig Gründe, die ein Fest scheitern oder gelingen lassen.

■■ Welche anderen Anlässe und Ereignisse gibt es, die wir feiern können? Legt eine Liste von Anlässen an, die es wert sind, gefeiert zu werden, z.B. in der Familie, der Schule, der Kirchengemeinde, unter Freunden, in eurem Ort …

Katholisch – evangelisch

Auf *Themenseite 123* findet ihr Bilder von einem katholischen und einem evangelischen Gottesdienst. Nennt die Unterschiede, die auf den Fotos sichtbar werden. Recherchiert und sammelt weitere Unterschiede in einer Tabelle.

Fragen zu meiner Taufe stellen

Frage deine Eltern:
Wann und wo bin ich getauft worden?
Wie heißt der Pfarrer, der mich getauft hat?
Wie lautet mein Taufspruch?
Wie verlief das Tauffest?
Warum habt ihr mich taufen lassen? ...

Bücher für den Gottesdienst vergleichen

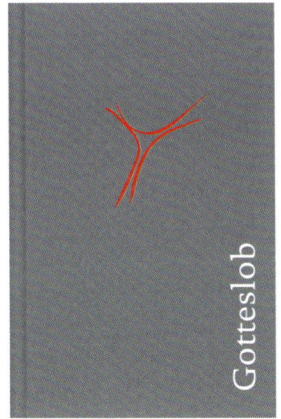

■■
Vergleicht die Abläufe eines katholischen und eines evangelischen Sonntagsgottesdienstes anhand der Gesangbücher (Gotteslob 581, Evangelisches Gesangbuch 679). Stellt Unterschiede und Gemeinsamkeiten fest und stellt sie in einer Tabelle einander gegenüber.

■■
Im GL gibt es eine Reihe von Liedern, die mit einem „ö" versehen sind, d.h. →ökumenisch. Diese Lieder stehen auch im EG. Erstellt eine kleine Auswahl von ökumenischen Liedern. Sucht euch eines davon aus, das ihr singen wollt.

Zeitungsartikel verfassen

Es gibt Menschen, die nicht wissen, was an den christlichen Hochfesten Weihnachten, Ostern und Pfingsten gefeiert wird. Bildet Redaktionsteams und verfasst einen Zeitungsartikel zu jedem dieser Feste. Findet Überschriften und Bilder und vergesst nicht zu erklären, wie diese Feste gefeiert werden.

Ein Dienste-Mobile bauen

Informiert euch über die verschiedenen Aufgaben und Ämter in einer Gemeinde. Schreibt je ein Amt bzw. eine Aufgabe auf ein Kärtchen und baut aus allen Kärtchen mit Schnur und Holzstäbchen ein Mobile.

Feste Zeiten – Festzeiten

Die Bahn der Erde um die Sonne (oder, wie man früher glaubte, die Bahn der Sonne um die Erde) bestimmt das Sonnenjahr. Der Lauf des Mondes um die Erde bestimmt die Dauer eines Monats. Die Drehung der Erde um sich selbst bestimmt den Tag. Schon früh bemerkten die Sternforscher, dass das Sonnenjahr 365 Tage und 6 Stunden lang ist. Das Mondjahr hat aber mit zwölf Mondumläufen zu je 29 Tagen und 12 Stunden nur 354 Tage. In vielen Kulturen wurden deshalb Tage oder Monate eingeschoben.

Den Kalender, so wie wir ihn kennen, haben wir von den Römern übernommen, genauer gesagt, von Julius Cäsar (geb. 102, gest. 44 v.Chr.). Man nennt ihn deshalb auch den „Julianischen" Kalender. Julius Cäsar legte den in Ägypten entwickelten Sonnenkalender von 365 Tagen zugrunde. In ihm wurde alle vier Jahre am letzten Monat des Jahres – das war damals der Februar – ein Tag zugeschaltet. Der alte römische Jahresanfang war der 1. März; daran erinnern noch die Monatsnamen „September" (septimus = der siebte) bis „Dezember" (decimus = der zehnte). Papst Gregor XIII. korrigierte den Julianischen Kalender. Nach der neuen Berechnung war nämlich das Jahr durchschnittlich um 11 Minuten und

14 Sekunden zu lang. Über die Jahrhunderte hatten sich insgesamt 10 Tage zu viel angesammelt. Deshalb ließ Gregor XIII. (1502–1585) das Jahr 1583 um 10 Tage kürzen. Auf den 4. Oktober folgte der 15. Oktober. Seitdem gilt der sogenannte Gregorianische Kalender bis zum heutigen Tag.

„Anno Domini"

Anno Domini heißt „im Jahr des Herrn". Seit dem 8. Jahrhundert gilt das Geburtsjahr Jesu als das Jahr 0, von dem aus gezählt wird. Dabei hat man sich damals allerdings um ein paar Jahre verrechnet. Heute nimmt man an, dass Jesus etwa 4–7 v.Chr. geboren ist.

Für Christen ist die Geburt Jesu der Beginn einer neuen Zeitrechnung. Juden und Muslime folgen einem anderen Kalender, der sich nach dem Mondjahr richtet.

Der Geburtstag Jesu

Das Geburtsdatum Jesu ist nicht bekannt. Im 4. Jahrhundert begannen die Christen, sein Geburtsfest am 25. Dezember zu feiern. Das war die Zeit der Wintersonnenwende und im Römischen Reich der Festtag des unbesiegten Sonnengottes.

Der christliche Festkalender

Immer schon haben die Menschen die Feste für ihre Gottheiten im Jahresablauf gefeiert. Auch die Christen haben einen Festkalender entwickelt. Er richtet sich nicht nach unserem üblichen Kalender vom 1. Januar bis zum 31. Dezember, sondern beginnt mit dem 1. Adventssonntag und endet mit dem Christ-

Dann sprach Gott: Lichter sollen am Himmelsgewölbe sein, um Tag und Nacht zu scheiden. Sie sollen als Zeichen für Festzeiten, für Tage und Jahre dienen.
Gen 1,14

königssonntag. Anfangs wurden nur die Sonntage und das Osterfest gefeiert. Jeder →Sonntag galt als ein kleines Osterfest. Seit dem 4. Jahrhundert wurde das Osterfest zum Osterfestkreis erweitert. Er beginnt mit dem 1. Fastensonntag und endet an →Pfingsten. In ihm feiern wir die Ereignisse von Tod und Auferstehung Jesu und die Sendung des Heiligen Geistes. Weil die Vorbereitung auf Ostern, die sog. Fastenzeit, für die Christen eine Zeit der inneren Erneuerung ist, heißt sie „österliche Bußzeit". Der Weihnachtsfestkreis kam später hinzu. Er beginnt mit dem Advent und umfasst die Ereignisse um die Geburt Jesu bis zum Fest der Taufe Jesu, das am Sonntag nach →Erscheinung des Herrn gefeiert wird. Den christlichen Festkalender nennen wir →Herren- oder Kirchenjahr. Die verschiedenen Festzeiten kann man an den Farben der Gewänder erkennen, die der →Priester beim Gottesdienst trägt. An Weihnachten und →Ostern sind sie weiß (oder golden), an Pfingsten rot, im →Advent und in der Fastenzeit violett, an den übrigen Tagen grün.

- Lasst euch von eurem Pfarrer oder dem Küster/der Küsterin die liturgischen Gewänder zeigen.

- Findet heraus, warum sich der Ostertermin jedes Jahr verschiebt.

- Forscht im Internet nach den liturgischen Farben und findet ihre Bedeutung heraus.

Feiern und danken

Es ist Sonntag. Im Zentrum eines kleinen Ortes in Kolumbien stehen die Türen der Kirche weit offen. Viele Menschen haben sich dort an einem heißen Sommertag versammelt. Manche sind bis zu drei Stunden zu Fuß gegangen, um zum Gottesdienst zu kommen: Männer und Frauen, Kinder und Jugendliche, Alte und Kranke ... Alle sind gekommen, um zu feiern und sich von den Strapazen der vergangenen Woche zu erholen. Sie wollen in dieser Stunde ihre Sorgen und Nöte, ihre Probleme und Mühen Gott anvertrauen. Denn so können sie wieder Hoffnung schöpfen.

Heute ist ein besonderer Tag. Endlich ist wieder ein Priester da, der den Gottesdienst hält und mit ihnen feiert. Vorher kam ein Pfarrer aus einer Nachbargemeinde, aber nur selten. Doch jetzt haben sie wieder einen eigenen.

Alle wollen ihn sehen, hören, kennenlernen! Der Gottesdienst beginnt mit einem schönen Lied. Jetzt stellt sich der neue Priester vor und hält eine kurze Ansprache. Die Mütter nehmen die Kinder auf den Arm. Es soll ruhig werden. Der Priester geht zum Altar, hält inne. Und dann geschieht etwas, was noch nie geschehen ist. Er wendet sich an die Gemeinde und sagt: „Ja, wir wollen gemeinsam Gottesdienst feiern. Aber wenn wir feiern, müssen wir auch wissen, warum wir feiern. Darum bitte ich euch, mir zu sagen, was wir feiern sollen."

Es ist still in der Kirche. Was denkt sich der Priester wohl? Wir haben Sorgen und Ängste. Aber einen Grund zum Feiern? Und sollen wir denn hier vor all den anderen Leuten reden? Vom Hunger und von der Arbeitslosigkeit, von den Problemen in der Familie, von den Sorgen im Alltag? Die anderen haben doch die gleichen Nöte!

Nach einer langen Zeit des Schweigens sagt der Priester: „Ja, wenn wir keinen Grund zum Feiern haben, dann wollen wir auch nicht so tun als ob." Und er beginnt, den Kelch vom Altar wegzunehmen und sein Messgewand abzulegen.

Da kommt von ganz hinten aus der Kirche eine Stimme: „Unsere Familie konnte sich diese Woche satt essen. Das will ich feiern." Der Priester sieht auf. Langsam zieht er sein Gewand wieder an. Und dann ist noch eine Stimme zu hören: „Ich hatte in diesem Monat genug Geld, das Schulgeld für meinen Sohn zu bezahlen." – „Ich hatte Angst, dass ich krank werden würde, aber nun sind die Bauchschmerzen wieder weg." – „Mein Mann hat in dieser Woche an jedem Tag Arbeit gehabt." Immer mehr Leuten fällt ein, dass sie Grund haben, Gott zu danken. Und das zu feiern. Diesmal ist der Gottesdienst anders als sonst ...

Eine afrikanische Geschichte

Eines Tages kamen unter einem großen Baum die Tiere zusammen, weil auch sie einen Sonntag haben wollten wie die Menschen.

Der König der Tiere, der Löwe, erklärte: „Das ist ganz einfach. Wenn ich eine Gazelle verspeise, dann ist für mich Sonntag."

Das Pferd meinte: „Mir genügt schon eine weite Koppel, dass ich stundenlang austraben kann, dann ist für mich Sonntag."

Das Schwein grunzte: „Eine richtige Dreckmulde und ein Sack Eicheln müssen her, dann ist für mich Sonntag."

Das Faultier gähnte und bettelte: „Ich brauche einen dicken Ast, um zu schlafen, wenn es bei mir Sonntag werden soll."

Der Pfau stolzierte einmal um den Kreis, zeigte sein prächtiges Federkleid und stellte höflich, aber bestimmt fest: „Nur ein Satz neuer Schwanzfedern, er genügt für meinen Sonntag."

So erzählten und erklärten die Tiere stundenlang, und alle Wünsche wurden erfüllt. Aber es wurde kein Sonntag. Da kamen Menschen vorbei und lachten die Tiere aus: „Ja, wisst ihr denn nicht, dass es nur Sonntag wird, wenn man mit Gott wie mit einem Freund spricht?"

Wenn ich einen Tag Zeit hätte …

„Guten Tag", sagte der kleine Prinz.

„Guten Tag", sagte der Händler. Er handelte mit höchst wirksamen, durststillenden Pillen. Man schluckt jede Woche eine und spürt überhaupt kein Bedürfnis mehr zu trinken.

„Warum verkaufst du das?", sagte der kleine Prinz.

„Das ist eine große Zeitersparnis", sagte der Händler.

„Die Sachverständigen haben Berechnungen angestellt. Man spart dreiundfünfzig Minuten in der Woche." „Und was macht man mit diesen dreiundfünfzig Minuten?"

„Man macht damit, was man will …"

„Wenn ich dreiundfünfzig Minuten übrig hätte", sagte der kleine Prinz, „würde ich gemächlich zu einem Brunnen laufen …"

Antoine de Saint-Exupéry

■
Schreibe auf, was dir der Sonntag bedeutet. Beginne z.B. mit „Den Sonntag finde ich …". Tauscht euch aus.

■
Lest die Geschichte auf *Deuteseite 128* und besprecht, was ihr bei einem Sonntagsgottesdienst feiern könnt.

■
Am Sonntag hast du Zeit für dich, aber auch für Unternehmungen mit der Familie und mit Freunden,

z.B. einen Ausflug, Spielen, ein gemeinsames Essen, … Beschreibe, wie dein „idealer" Sonntag aussieht.

■
Findet heraus, was die Geschichte vom kleinen Prinzen mit dem Sonntag zu tun hat.

■■
Befragt Menschen auf der Straße, was sie davon halten, dass die Läden am Sonntag geöffnet sein sollen.

Weihnachten und Ostern feiern

Die Geburt Jesu

In jenen Tagen gab der Kaiser Augustus diesen Befehl, alle Menschen in seinem Reich in Steuerlisten einzutragen. Da ging jeder in seine Heimatstadt, um sich eintragen zu lassen. So wanderte auch Josef aus Nazaret hinauf nach Judäa. Er zog zu der Stadt Davids, die Betlehem heißt. Josef gehörte zu den Nachkommen des Königs David. Deshalb wollte er sich dort mit seiner Verlobten eintragen lassen. Maria erwartete ein Kind. Als sie in Betlehem waren, kam für sie die Zeit der Geburt. Maria brachte einen Sohn zur Welt, den Erstgeborenen. Sie wickelte ihn in Windeln und legte ihn in eine Futterkrippe, weil in den Gästehäusern kein Platz für sie war.

In dieser Gegend übernachteten Hirten auf freiem Feld. Sie hielten Wache bei ihren Herden. Da trat der Engel des Herrn zu ihnen und der Glanz Gottes blendete sie. Sie fürchteten sich sehr. Der Engel aber sagte zu ihnen: „Fürchtet euch nicht! Ich bringe euch eine große Freude, eine frohe Botschaft für alle Menschen. Heute ist euch in der Stadt Davids der Retter geboren worden. Er ist Christus, der Herr. Und an diesen Zeichen sollt ihr ihn erkennen: Ihr werdet ein Kind finden, das in Windeln gewickelt ist und in einer Krippe liegt." Und plötzlich war der Engel des Herrn umgeben von Scharen anderer Engel. Sie lobten Gott und sprachen: *„Gepriesen sei Gott in der Höhe und auf der Erde Frieden bei den Menschen, die er liebt!"* Als die Engel sie verlassen hatten und in den Himmel zurückgekehrt waren, sagten die Hirten zueinander: „Kommt, wir gehen nach Betlehem. Dort wollen wir sehen, was geschehen ist und was Gott uns sagen ließ". So eilten sie hin und fanden Maria und Josef und das Kind in der Krippe. Sie erzählten, was ihnen der Engel über dieses Kind gesagt hatte. Alle staunten über die Worte der Hirten.

Lk 2,1–20

Adolf Hölzel, 1912

■ Der Maler Adolf Hölzel hat die Erzählung von der Geburt Jesu in seine Zeit verlegt. Vergleiche Bild und Bibelstelle. Wo erkennst du Gemeinsamkeiten? Worin unterscheiden sie sich?

■ Erzählt, wie ihr Weihnachten feiert. Welche Zeichen und Symbole gehören für euch dazu? Lest im GL (Nr. 235) nach, was das Weihnachtsfest für die Christen bedeutet.

Die Botschaft des Engels im leeren Grab

Als der Sabbat vorüber war, kauften
Maria aus Magdala, Maria, die Mutter des Jakobus, und Salome wohlriechende Öle, um damit zum Grab
zu gehen und Jesus zu salben. Am
ersten Tag der Woche kamen sie in
aller Frühe zum Grab, als eben die
Sonne aufging. Sie sagten zueinander: Wer könnte uns den Stein vom
Eingang des Grabes wegwälzen?
Doch als sie hinblickten, sahen sie,
dass der Stein schon weggewälzt
war; er war sehr groß. Sie gingen in
das Grab hinein und sahen auf der
rechten Seite einen jungen Mann
sitzen, der mit einem weißen
Gewand bekleidet war; da erschraken sie sehr. Er aber sagte zu ihnen:
Erschreckt nicht! Ihr sucht Jesus
von Nazaret, den Gekreuzigten. Er
ist auferstanden; er ist nicht hier.
Seht, da ist die Stelle, wohin man
ihn gelegt hat. Nun aber geht und
sagt seinen Jüngern und dem
Petrus: Er geht euch voraus nach
Galiläa; dort werdet ihr ihn sehen,
wie er es euch gesagt hat.   Mk 16,1–7

Caspar David Friedrich, 1835

■ Finde im Bild von Caspar David Friedrich
Anspielungen auf den Bibeltext Mk 16,1–7.

■ Sucht nach weiteren Bildern zu Geburt und
Auferstehung Jesu und veranstaltet mit
ihnen eine Ausstellung im Klassenzimmer.

■ Schlagt im GL nach, wie in der Kirche Ostern
gefeiert wird.

Von Gott berührt werden – die Sakramente

Worte – Gesten – Symbole – Sakramente

Wenn wir mit Menschen Kontakt aufnehmen wollen, tun wir das meist mit Worten und Gesten. Wir lächeln sie an, reichen ihnen die Hand oder umarmen sie, wir sagen ihnen, dass wir sie sympathisch finden, oder machen Geschenke. Solche Worte, Gesten und Zeichen bedeuten uns etwas und bewirken etwas: sie lösen z.B. Freude in uns aus. Die Bibel erzählt, dass Jesus durch seine Worte, Gesten und Zeichen Erstaunliches bei den Menschen bewirkt hat. Er hat sie berührt, mit ihnen gegessen, seinen Jüngern die Füße gewaschen und ihnen damit gezeigt, dass Gott ihnen nahe ist. Seinen Jüngern hat er aufgetragen, alles, was er gesagt und getan hat, weiterzugeben. In der Kirche geschieht das vor allem in den sieben Sakramenten: im

→Sakrament der →Taufe, →Firmung, →Priesterweihe, →Ehe, →Eucharistie, →Versöhnung und →Krankensalbung. Durch sie verbindet sich Gott mit uns und wir verbinden uns mit ihm. Die Sakramente sind daher wirksame Zeichen der Nähe Gottes.

■ Ordnet die Gegenstände auf dem Foto den sieben Sakramenten zu.

■■ Vereinbart mit dem Pfarrer oder einer Mitarbeiterin/einem Mitarbeiter einer Gemeinde in eurer Nähe einen Besuch und lasst euch die Gegenstände bzw. Symbole erklären, die bei der Spendung der Sakramente verwendet werden.

■■ Erstellt eine Tabelle mit den Namen der Sakramente, je einem typischen Symbol und den Worten, die der Spender dazu spricht. Schlagt dazu im Gotteslob nach.

■■■ Sucht aus den folgenden Worten des NT die heraus, die zur Taufe, Firmung, Eucharistie, Versöhnung oder Krankensalbung passen: Mt 28,19; Joh 20,22; Mk 14,22; Mk 2,5; Mk 1,34.

Corita Kent, um 1966

Gepriesen bist du, Herr, unser Gott, Schöpfer der Welt. Du schenkst uns das Brot, die Frucht der Erde und der menschlichen Arbeit. Wir bringen dieses Brot vor dein Angesicht, damit es uns das Brot des Lebens werde. Gepriesen bist du, Herr, unser Gott, Schöpfer der Welt. Du schenkst uns den Wein, die Frucht des Weinstocks und der menschlichen Arbeit. Wir bringen diesen Kelch vor dein Angesicht, damit er uns der Kelch des Heiles werde. Gepriesen bist du in Ewigkeit, Herr, unser Gott.

Aus der Eucharistiefeier

■
Sucht im Gotteslob bei der Feier der heiligen Messe nach diesem Gebet.

■
Gestaltet selbst ein Bild zu einem oder mehreren Sakramenten. Ihr könnt, wie die amerikanische Künstlerin Sr. Corita Kent, ein erhellendes Stichwort hinzufügen.

■■
Informiert euch über die Bedeutung des englischen Ausdrucks „power up" und stellt einen Bezug zu den Sakramenten her.

Das Bild auf *Titelseite 121* zeigt einen Altarraum, den Rupprecht Geiger geschaffen hat.

■
Stellt eine Verbindung zu dem Bild von Corita Kent her und diskutiert darüber.

■■
Schreibt eure Gedanken zum Titelbild in Einzelarbeit auf und stellt eure Ergebnisse der Klasse vor.

GL 477/T: Friedrich Dörr (1972) 1975/
M: Genf (1539) 1542

1. Gott ruft sein Volk zu-sam - men rings auf dem Er - den - rund,

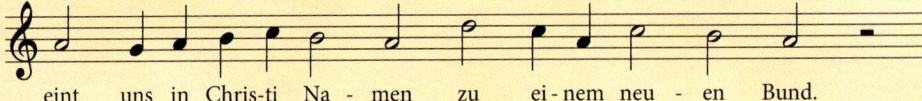

eint uns in Chris-ti Na - men zu ei-nem neu - en Bund.

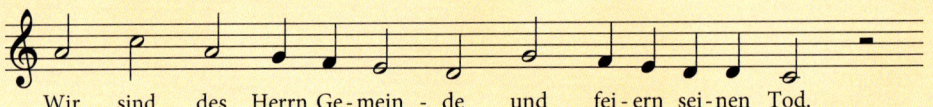

Wir sind des Herrn Ge-mein - de und fei-ern sei-nen Tod.

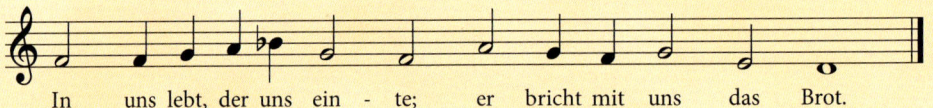

In uns lebt, der uns ein - te; er bricht mit uns das Brot.

2. In göttlichem Erbarmen liebt Christus alle gleich;
die Reichen und die Armen beruft er in sein Reich.
Als Schwestern und als Brüder sind wir uns nicht mehr fern:
ein Leib und viele Glieder in Christus, unserm Herrn.

3. Neu schafft des Geistes Wehen das Angesicht der Welt
und lässt ein Volk erstehen, das er sich auserwählt.
Hilf, Gott, dass einig werde dein Volk in dieser Zeit:
ein Hirt und eine Herde, vereint in Ewigkeit.

Jesus betet für die Gemeinde

Aber ich bitte für alle, die durch ihr Wort an mich glauben. Alle sollen eins
sein: Wie du, Vater, in mir bist und ich in dir bin, sollen auch sie in uns sein,
damit die Welt glaubt, dass du mich gesandt hast. Und ich habe ihnen die
Herrlichkeit gegeben, die du mir gegeben hast, damit sie eins sind, wie wir eins
sind, ich in ihnen und du in mir. So sollen sie vollendet sein in der Einheit,
damit die Welt erkennt, dass du mich gesandt hast und sie ebenso geliebt hast,
wie du mich geliebt hast. Joh 17,20–23

Gemeinde sein und gestalten

Ich gehe oft zu den alten und kranken Menschen in unserer Gemeinde. Sie freuen sich, wenn ich sie besuche. Ich helfe ihnen auch, z.B. beim Einkaufen, Kochen oder Putzen.

Ich bin bei den Ministranten. Vielleicht darf ich nächsten Sonntag den Weihrauch schwingen ...!

Heute Nachmittag ist noch eine Trauung. Vorher muss ich die Kirche schmücken. Und am Abend findet eine Lichterfeier statt. Dafür brauchen wir noch zweihundert Kerzen ...

Gleich treffe ich mich mit unserem Kindergottesdienst-Kreis. Anschließend sehen wir uns beim Pfarrgemeinderat.

Nachmittags kommen Kinder oder Jugendliche in unsere Jugendgruppen. Wir spielen zusammen oder machen Ausflüge und reden miteinander. Abends treffen sich die Erwachsenen und sprechen mit dem Pfarrer über die Angelegenheiten der Gemeinde.

Diakon

Alten-Pfleger/in

Pfarrsekretär/in

Küster/in

Kolping-Familie

Bibelkreis

Gestaltet ein lebendiges und möglichst vollständiges Porträt eurer Gemeinde oder einer Gemeinde in eurer Nähe. Überlegt euch gemeinsam, welche Bereiche der Gemeinde ihr untersuchen könnt, und bildet entsprechende Arbeitsgruppen. Ihr könnt z.B.

... den Pfarrbrief der Gemeinde untersuchen. Erstellt eine Liste mit den Angeboten und Veranstaltungen, über die berichtet wird oder die angekündigt werden. An welche Gruppen der Gemeinde richten sich die Angebote? Gestaltet mit Fotos, Flyern und den Texten aus dem Gemeindebrief einen Kalender der Aktivitäten der Gemeinde.

... die Ämter, Strukturen und Aufgaben in der Gemeinde erforschen. Befragt dafür die Personen, die in der Gemeinde mitarbeiten. Fertigt mit dem PC oder auf einem Plakat einen Plan zum →Aufbau der Pfarrei an.

... Reporter/Reporterin sein. Begleitet einen Mitarbeiter/eine Mitarbeiterin einen Nachmittag lang bei seinen/ihren Aufgaben und berichtet darüber in einem Artikel, Film, Podcast etc.

Feste – Feiern – Sakramente

Welches Bild kannst du welchem Sakrament der Kirche oder welchem Fest zuordnen? Falls du einen Tipp brauchst, informiere dich noch einmal im Kapitel 9 und im Lexikon.

Noch Fragen?

Hast du noch Fragen zu einem Sakrament?

10 Aus einer Wurzel – abrahamitische Religionen

Erinnere dich!

- Geschichten von Abraham und Sara
- Menschen beten zu Gott
- Menschen geben Gott verschiedene Namen

Drei Religionen – ein Gott?

Dem Mose erschien der Engel des Herrn in einer Flamme, die aus einem Dornbusch emporschlug. Er schaute hin: Da brannte der Dornbusch und verbrannte doch nicht. Mose sagte: Ich will dorthin gehen und mir die außergewöhnliche Erscheinung ansehen. Warum verbrennt denn der Dornbusch nicht? Als der Herr sah, dass Mose näher kam, um sich das anzusehen, rief Gott ihm aus dem Dornbusch zu: Mose, Mose! Er antwortete: Hier bin ich. Der Herr sagte: Komm nicht näher heran! Leg deine Schuhe ab; denn der Ort, wo du stehst, ist heiliger Boden. Dann fuhr er fort: Ich bin der Gott deines Vaters, der Gott Abrahams, der Gott Isaaks und der Gott Jakobs.

aus der Bibel, Exodus 3

Ist dir nicht die Geschichte von Mose zu Ohren gekommen? Damals als er ein Feuer sah und zu seinen Angehörigen sagte: ‚Bleibt hier stehen! Ich habe ein Feuer wahrgenommen. Vielleicht kann ich euch davon ein Stück Glut bringen oder finde ich am Feuer den rechten Weg.‘ Als er dann hinkam, wurde ihm zugerufen: ‚Mose! Ich bin dein Herr. Zieh deine Sandalen aus! Du befindest dich im heiligen Tal Tuwā. Und ich habe dich auserwählt. Höre nun auf das, was dir hiermit eingegeben wird! Ich bin Gott. Es gibt keinen Gott außer mir. Darum diene mir und verrichte das Gebet!‘

aus dem Koran, Sure 20

Das Fremde an sich selbst und an anderen entdecken

Erfahren und lernen:

- Grundzüge der abrahamitischen Religionen
- gemeinsame Wurzeln von Judentum, Christentum und Islam
- Gemeinsamkeiten und Unterschiede der Religionen
- wichtige Gestalten der Religionen
- Spuren christlichen, jüdischen und muslimischen Lebens in der Umgebung

Mit einer Mindmap Gedanken ordnen

Was ein Jude tut und nicht tut, wie eine Muslimin lebt, was ein Christ darf:
Wir haben feste Vorstellungen im Kopf, was typisch ist. Das nennt man Stereotype.

Was denkst du über Juden, Muslime, Christen? Um deine Gedanken zu ordnen
und besser zu überblicken, kannst du eine Mindmap erstellen:

■ Schreibe die Schlüsselbegriffe – Juden, Christen, Muslime – auf gleichfarbige Karten.

■ Schreibe deine Gedanken auf farbige Kärtchen. Ordne die Kärtchen mit deinen
Gedanken um die Schlüsselbegriffe herum an.

■ Gedanken, die direkt mit den Schlüsselbegriffen verbunden sind, bilden die
Hauptäste und stehen auf Kärtchen in einer zweiten Farbe. Gedanken, die nicht
direkt mit den Schlüsselbegriffen verbunden sind, bilden die Nebenäste und
bekommen Kärtchen in einer dritten Farbe.

Kinder nach ihrer Religion fragen

In dem Film „Kinder erklären ihre Religion" erzählen der jüdische Junge
Lenny, das muslimische Mädchen Bahar und der christliche Junge Max
von ihrem Glauben und wie sie ihn in der Familie leben.

⊙ Was möchtest du von Lenny, Bahar und Max wissen? Notiert eure Fragen.
⊙ Schaut gemeinsam den Film an und macht euch Notizen.
⊙ Beantwortet folgende Fragen:
  • Welche Feste und Feiern gibt es im Judentum, Christentum und Islam?
  • Wie sehen die (Gottes-)Häuser aus und welche Namen haben sie?
  • An welche Regeln und Gebote halten sich die Gläubigen?
  • Welche Rolle spielen das Essen und das Fasten?
  • Wie beten Juden, Christen und Muslime?
⊙ Vergleicht mit eurer Mindmap (siehe oben). Was könnt ihr ergänzen oder
  korrigieren?
⊙ Was ist ähnlich? Was ist anders? Notiert in einer Tabelle Gemeinsamkeiten
  und Unterschiede im Glaubensleben der drei Kinder.

Ein Kreuzworträtsel erstellen

In diesem Kapitel findest du viele Informationen über das Judentum, das Christentum und den Islam. Gestalte ein Kreuzworträtsel mit Fragen zu den drei Religionen. Das Lösungswort kann z.B. der Name einer Gestalt sein, die für die Gläubigen der drei Religionen bedeutend ist.

Unseren Ort erkunden

Besorgt euch einen Stadtplan oder eine Straßenkarte eurer Stadt oder eures Stadtteiles. Unternehmt einen Spaziergang und haltet nach Kirchen, Moschee und Synagogen Ausschau. Tragt sie mit einem Symbol für die jeweilige Religion in eure Karte ein.
Könnt ihr auch andere Spuren der Religionen im Straßenbild entdecken? Haltet auch sie auf der Karte fest.

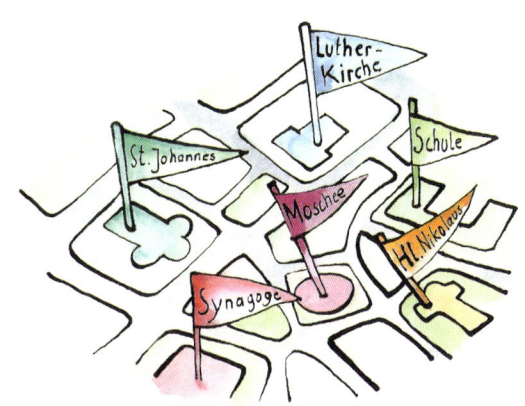

Eine Wortwolke gestalten

Wählt ein Thema, z.B. das Fasten, und befragt christliche, jüdische und muslimische Mitschülerinnen und Mitschüler, woran sie bei diesem Stichwort denken. Schreibt die Antworten auf und erstellt mit ihnen eine Wortwolke. Eine Wortwolke könnt ihr von Hand schreiben oder mithilfe eines Computerprogramms, das ihr im Internet finden könnt. In einer Wortwolke werden oft genannte Begriffe groß dargestellt, seltener genannte Begriffe kleiner. Die Worte sind zufällig oder in einer bestimmten Form angeordnet.

Religionen wahrnehmen

▪
Was kennst du? Was ist dir fremd? Wähle ein Foto aus und erkläre
den anderen, was es zeigt, oder lass dir erklären, was dargestellt ist.

▪
Ordnet die Fotos den drei Religionen zu.

▪▪
Weihnachten, →Id ul fitr und →Chanukka sind wichtige Feste. Recherchiert in Gruppen, was und wie bei diesen Festen gefeiert wird. Erzählt euch gegenseitig davon.

▪▪▪
Gläubige Christen, →Muslime und →Juden versammeln sich einmal wöchentlich,
um miteinander zu beten und Gott nah zu sein. Vergleiche die Fotos auf *Infoseite
143* von diesen Versammlungen und informiere dich, z.B. in Lexika oder indem du
Mitschüler/Mitschülerinnen oder Freunde/Freundinnen befragst, wie jeweils der
Ablauf ist. Welche Aussagen kannst du daraus über die jeweilige Religion ableiten?
Erfasse sie in einer Tabelle.

▪▪▪
Erkundet, je nach Möglichkeit, in Gruppen eine Kirche, eine Moschee und eine
Synagoge in eurer Umgebung. Macht, wenn erlaubt, Fotos der Gebäude und ihrer
Einrichtung. Beschreibt in kurzen Texten die Gebäude. Präsentiert euch gegenseitig
die Ergebnisse, z.B. auf Plakaten oder in einer Computer-Präsentation.

Juden versammeln sich am Samstag in der Synagoge zum Gottesdienst.

Weihnachten
– Dreitägige Feier
– Geburt von Jesus
– Aufstellen von Weihnachtskrippen und Christbäumen
– Weihnachtsgebäck

Id ul fitr
– Fest des Fastenbrechens
– Abschluss des Fastenmonats →Ramadan
– Dreitägiges Freudenfest
– Süßigkeiten, z.B. Lokum und Baklava

Muslime versammeln sich im Gebetsraum der Moschee zum Freitagsgebet.

Christen versammeln sich am Sonntag in der Kirche zur Eucharistiefeier.

Chanukka-Fest
– Achttägiges Lichterfest
– Chanukka-Leuchter
– Dreidel-Spiel
– Ölgebäck

Gemeinsame Wurzeln ...

Juden, Christen und Muslime haben ein gemeinsames Vorbild im Glauben: Abraham bzw. Ibrahim. Von ihm wird in der Hebräischen Bibel, im Alten Testament und im Koran erzählt.

Abrahams Söhne

Abraham und Sara sind lange Zeit kinderlos geblieben. Da bekommt Abraham mit Saras Dienerin Hagar den Sohn Ismael. In hohem Alter bringt auch Sara noch einen Sohn zur Welt: Isaak. Sara verlangt von Abraham, dass er Hagar und Ismael fortschickt. Hagar, die Angst hat, dass sie und ihr Sohn verdursten müssen, findet in der Wüste einen Brunnen. Dafür dankt sie Gott und gibt ihm den Namen El-Roi, d.h. „Gott, der nach mir schaut".

Abrahams Grab

In Hebron, 30 km südlich von Jerusalem, soll Abraham begraben sein. Sein Grab ist bis heute eine heilige Stätte für Juden, Christen und Muslime.

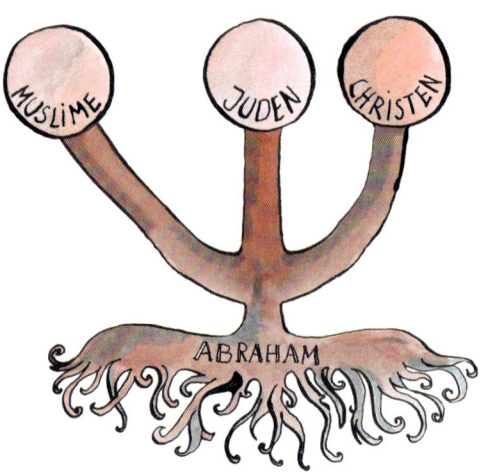

Erinnerung an Hagar und Ismael

Ismael gilt als Stammvater der „Ismaeliten". Auf ihn und seine Nachkommen berufen sich die Muslime. Bei der →Pilgerfahrt nach →Mekka erinnern sie sich an Hagars Suche nach Wasser in der Wüste. Aus einer Quelle in der Nähe der →Kaaba nehmen sie Wasser mit nach Hause.

Kinder Abrahams heute

Juden, Christen und Muslime haben sich gegenseitig viel Leid zugefügt. Aber weil sie alle „Kinder Abrahams" sind, können sie lernen, sich als Geschwister im Glauben zu verstehen. Die Juden und Christen haben eine besondere Verwandtschaft im Glauben, weil sie dieselbe Bibel lesen: Das christliche Alte Testament gleicht fast vollständig der jüdischen hebräischen Bibel und im Neuen Testament gibt es viele Zitate daraus. Jesus und seine Jünger waren tief im jüdischen Glauben verwurzelt und feierten die jüdischen Feste.

■
Erinnert euch an die Erzählungen über Abraham. Erzählt sie gemeinsam nach.

■■■
Gott macht Abraham zum Vater eines großen Volkes (vgl. Genesis 12,1–4). Seine „Kinder" heute leben aber in Unfrieden. Nennt Beispiele, wo sich Juden, Christen und Muslime bekämpfen, und informiert euch über die Hintergründe der Konflikte.

■■■
Was meint ihr? Können der gemeinsame Stammvater Abraham und der gemeinsame Glaube an Gott den Frieden fördern? Sammelt Argumente und führt eine Pro-und-Kontra-Diskussion.

... ähnliches Handeln

Gott in vielen Namen verehren

Namen Gottes	Hebräische Bibel/ → Altes Testament	Neues Testament	Koran/99 schönste Namen Gottes
Schöpfer	Gen 14,19	Mt 19,4	Al-Chāliq (2:117)
Allmächtiger	Ps 91,1	Lk 22,69	Al-Dschabbār (der alles nach seinem Willen unterwerfen kann) (42:19)
Der Gerechte	Ijob 34,17	Röm 1,17	Al-ᶜAdl
Der Barmherzige	Ps 86,15	Lk 6,36	Al-Rahīm (10:107)
Der gute Vater	Jes 63,16	Mt 5,48	–
Ich bin der „Ich-bin-da"	Ex 3,14	–	Al-Bāqī (der ewig Bleibende, der Dauernde)
Das Licht	Ps 27,1	1 Joh 1,5	Al-Nūr (24:35)

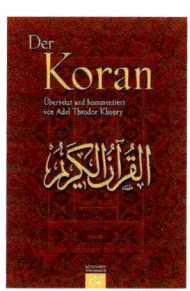

■ Im Alltag der „Kinder Abrahams" ist manches ähnlich. Beschreibe anhand der Bilder, wie sie ihren Glauben leben.

■ Welche Namen für Gott kennt ihr? Notiert sie auf einem Plakat.

■ Hagar hat erfahren: Gott hat nach mir geschaut. Mit welchem Namen würdest du Gott ansprechen? Notiere ihn auf einem Zettel und trage ihn eine Zeit lang bei dir.

■■ Viele weitere Namen kannst du in der „Litanei von der Gegenwart Gottes" im Gotteslob 557 nachschlagen.

Wichtige Gestalten im Judentum, Christentum und Islam

Mose

- Von →Mose wird erzählt, dass er als Baby ausgesetzt wurde und bei Ägyptern aufwuchs.
- Gott offenbarte sich ihm in einem brennenden Dornbusch.
- Er führte das Volk Israel aus der ägyptischen Knechtschaft.
- Gott offenbarte ihm am Berg Sinai die Zehn Gebote.

Für Juden hat Mose im Auftrag Gottes das Volk Israel aus der ägyptischen Knechtschaft und in das Gelobte Land geführt.

Für Christen ist Mose der Führer des Gottesvolkes und der Überbringer der Zehn Gebote.

Für Muslime ist Mose (Mūsā) ein Prophet. Ihm wurde die →Tora offenbart. Er gilt als einziger Prophet, der direkt von Gott angesprochen wurde.

Jesus

- Jesus wurde von Maria geboren.
- Er scharte Jünger und Jüngerinnen um sich, predigte, heilte und wirkte Wunder.
- Jesus geriet in Konflikt mit den geistlichen Führern des Judentums.
- Er wurde von den Römern, die zu der Zeit über das Land herrschten, hingerichtet.

Für Juden ist Jesus ein Lehrer (Rabbi), aber nicht der Messias.

Christen glauben, dass Jesus Gottes Sohn ist. Er ist von den Toten auferstanden und hat durch sein Leiden die Menschen erlöst. Für Christen ist Gott in Jesus zu den Menschen gekommen.

Für Muslime ist Jesus ('Īsā) der Prophet, der Muhammad vorausging. Er hat das Evangelium als Gesetz für die Christen gelehrt. Muslime sehen in ihm jedoch nicht den Sohn Gottes und Erlöser der Menschen.

Maria

- Maria war die Mutter von Jesus.
- In den Evangelien wird von ihr erzählt.
- Sie war Jesus nahe und gehörte nach seinem Tod zur Gruppe der Apostel.

Juden sehen in Maria eine einfache Frau aus dem jüdischen Volk.
Christen verehren Maria als Gottesmutter und als Urbild des Glaubens und der Liebe. Sie ist für sie ein besonderes Vorbild.
Muslime verehren Maria (Maryam) als Mutter des Propheten Jesus (ʿĪsā). Sie sehen in ihr eine Gott besonders ergebene Frau. Die Sure 19 ist nach ihr benannt und erzählt davon, wie sie durch Gottes Willen ein Kind empfangen und geboren hat.

Muhammad

- Muhammad wurde um 570 n.Chr. in →Mekka geboren.
- Mit 40 Jahren hatte er ein Berufungserlebnis und verkündete daraufhin Gottes Wort und den Islam.
- Er wanderte mit seinen Anhängern nach →Medina aus und verbreitete von dort den Islam weiter.
- Er hielt auf seiner letzten Pilgerfahrt nach Mekka eine Abschiedspredigt und starb bald darauf in Medina.

Muslime glauben, dass Muhammad der letzte und wichtigste Gesandte Gottes ist und durch den Engel Gabriel die Offenbarung des Korans erhalten hat. Für Muslime sind seine Worte und Handlungen vorbildhaft für ihr Leben.
Juden und *Christen* sehen in Muhammad den Gründer des Islams.

■
Sammelt in Gruppen weitere Informationen über eine Gestalt und malt Bilder zu Stationen ihres Lebens. Ihr könnt sie anschließend zu einer „Bildergeschichte über ..." zusammenfügen.

■■
Befragt eure Mitschülerinnen und Mitschüler, was sie über Mose, Jesus, Maria und Muhammad wissen. Ihr könnt die Aussagen aufnehmen und anschließend am Computer als Hörbild zusammenfügen.

■■
Wähle eine Gestalt aus und erzähle, was dich an ihr beeindruckt und wie sie auch heute noch Vorbild für die Menschen sein kann.

Höre, Israel:

Der Herr, unser Gott, der Herr ist einzig.
Darum sollst du den Herrn, deinen Gott, lieben
mit ganzem Herzen, mit ganzer Seele und mit ganzer Kraft.
Und diese Worte, auf die ich dich heute verpflichte,
sollen auf deinem Herzen geschrieben stehen.
Du sollst sie deinen Kindern wiederholen.
Du sollst sie sprechen,
wenn du zu Hause sitzt und wenn du auf der Straße gehst,
wenn du dich schlafen legst und wenn du aufstehst.
Du sollst sie als Zeichen um das Handgelenk binden.
Sie sollen zum Schmuck auf deiner Stirn werden.
Du sollst sie auf die Türpfosten deines Hauses
und in deine Stadttore schreiben.

Dtn 6,4–9

Vater unser im Himmel,
geheiligt werde dein Name.
Dein Reich komme.
Dein Wille geschehe,
wie im Himmel, so auf Erden.
Unser tägliches Brot gib uns heute.
Und vergib uns unsere Schuld,
wie auch wir vergeben unsern Schuldigern.
Und führe uns nicht in Versuchung,
sondern erlöse uns von dem Bösen.
Denn dein ist das Reich
und die Kraft und die Herrlichkeit
in Ewigkeit. Amen.

Lob sei Gott,
dem Herrn der Welten, dem Erbarmer, dem
Barmherzigen,
der Verfügungsgewalt besitzt über den Tag
des Gerichtes.
Dir dienen wir, und Dich bitten wir um Hilfe
Führe uns den geraden Weg,
den Weg derer, die Du begnadet hast,
die nicht dem Zorn verfallen und nicht irre-
gehen.

Sure 1

Muhammad sagte: Wer von euch an einer Sache leidet, oder ein anderer (Bruder, Schwester) leidet, dann soll er so beten:

Unser Herr Allah, der du in den Himmeln bist, gepriesen ist dein Name.

Dein Befehl gilt in den Himmeln und auf der Erde.

Gib uns deine Gnade auf der Erde, so wie deine Gnade in den Himmeln ist.

Vergib uns unsere Sünden und Fehler.

Du bist der Herr der Guten.

Sende Liebe von deiner Liebe.

Sende Heilung von deiner Heilung für dieses Leiden und nimm es fort.

Amin.

überliefert von *Abū Darda*

Das Sabbatgebot

Gedenke des Sabbats: Halte ihn heilig!

Sechs Tage darfst du schaffen und all deine Arbeit tun.

Der siebte Tag ist ein Ruhetag, dem Herrn, deinem Gott, geweiht.

An ihm darfst du keine Arbeit tun: du, dein Sohn und deine Tochter, dein Sklave und deine Sklavin, dein Vieh und der Fremde in deinen Toren.

Denn in sechs Tagen hat der Herr Himmel, Erde und Meer gemacht und alles, was dazugehört; am siebten Tag ruhte er.

Darum hat der Herr den Sabbattag gesegnet und ihn geheiligt.

Ex 20,8–11

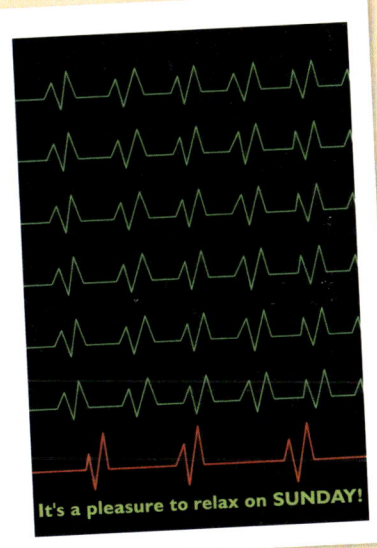

It's a pleasure to relax on SUNDAY!

■ Informiere dich über die Gebete auf dieser *Besinnungsseite*.

■ Wähle eines der Gebete aus und gestalte es schön als ein Schmuckblatt.

■■ Warum ist für Juden der Sabbat heilig?

Eine Begründung findest du in Dtn 5,12–15. Welche drei besonderen Gebote gelten am Sabbat (Ex 20,8–11; Lev 19,12; Lev 19,18)?

■ Recherchiere: Welche Tage sind den Christen und Muslimen wichtig oder heilig? Wie verbringen sie diese Tage?

Gemeinsam beten

Im Rahmen eines Projekttages könnt ihr ein Morgengebet der drei Religionen für alle Schülerinnen und Schüler, Lehrerinnen und Lehrer anbieten.

⊙ Ladet eure Mitschülerinnen und Mitschüler mit einem selbst gestalteten Flyer dazu ein.

⊙ Stimmt euch mit den Vertreterinnen und Vertretern der verschiedenen Religionsgruppen ab, welches Gebet die jeweilige Religionsgruppe vortragen wird. Verständigt euch auch über die Reihenfolge der Gebete.

⊙ Findet einen Ort der Ruhe und Besinnung und gestaltet diesen möglichst neutral.

⊙ Vielleicht spielt jemand in eurer Klasse ein Instrument und kann die musikalische Begleitung des Morgengebets übernehmen?

⊙ Beginnt die Feier mit einem gemeinsamen Lied (z.B. „Wenn einer alleine träumt"). Dann werden die Gebete nacheinander gesprochen.

⊙ Nach jedem Gebet haltet ihr für einen Moment Stille, bevor das nächste Gebet gesprochen wird.

⊙ Abschließend könnt ihr gemeinsam ein Friedenslied singen (z.B. „Herr, gib uns deinen Frieden").

Jerusalem – Stadt der drei Religionen

■
Warum wird Jerusalem die „Stadt der
drei Religionen" genannt? Recherchiere.

■
Ordne die drei Bauwerke jeweils einer der Religionen zu.

■■
Erörtere die Probleme und Chancen, die durch das Miteinander der
Religionen in Jerusalem bestehen.

■■■
Wie könnte die Verständigung zwischen Juden, Christen und
Muslimen gelingen? Veranstaltet eine Podiumsdiskussion.

■■
Das Foto auf *Titelseite 137* zeigt den sogenannten „Engel der Kulturen". Recherchiert die Hintergründe dieses Kunstprojektes. Überlegt,
wie ihr euch daran beteiligen könnt.

Und wie ist
es mit dem Himmel?
Treffen wir uns dort?

Werkzeugkiste

Auf dieser Seite bekommt ihr „Werkzeuge" an die Hand, mit denen ihr euren Lernweg verfolgen, überprüfen und dokumentieren könnt. Im Rückblick auf euren bisherigen Lernweg könnt ihr Ideen und Ziele für nächste Schritte entwickeln. Gleichzeitig dienen euch die Werkzeuge dazu, eure Meinungen, Erwartungen und Ziele auszudrücken.

Ein Lernjournal führen

Mit einem Lernjournal dokumentierst du deine Arbeit und deinen Wissensstand während einer Unterrichtsstunde, einer Lerneinheit oder zu einem Themenbereich.

So kannst du

- den Inhalt zusammenfassen und ordnen,
- dein neu gewonnenes Wissen sichern,
- deinen Lernweg überblicken und bewusst machen,
- planen, welche weiteren Lernschritte folgen könnten.

Führe für das Lernjournal ein eigenes Heft oder einen Schnellhefter und beginne mit jedem Eintrag eine neue Seite/ein neues Blatt.

- Notiere das Datum der Stunde, die du dokumentierst.
- Fasse das Thema der Stunde mit deinen eigenen Worten kurz zusammen.
- Beantworte Fragen wie diese:
  - Wie habe ich gearbeitet?
  - Was konnte ich beitragen?
  - Was habe ich Neues gelernt?
  - Was davon möchte ich weiterverfolgen?
  - Was ist mir noch unklar?
  - Welche Frage habe ich noch?
  - Was nehme ich mir für die nächste Reli-Stunde vor?

Du kannst diese Fragen verwenden oder gemeinsam mit den anderen in der Reli-Gruppe einen eigenen Fragenkatalog entwickeln, der auf eure Bedürfnisse zugeschnitten ist. Die Fragestellung sollte aber bei jedem Eintrag dieselbe sein.

Eine Projektarbeit auswerten

In Reli kompetent findet ihr viele Vorschläge für gemeinsame Projekte in der Klasse oder bei Schulveranstaltungen. Nach Abschluss einer Projektarbeit ist es sinnvoll, zurückzuschauen, wie die Arbeit am Projekt verlaufen ist, und daraus Schlüsse für künftige Projekte zu ziehen.

Denkt über die verschiedenen Aspekte der Projektarbeit nach, z.B.:

- Aufgabenstellung: klar/unklar, zu bewältigen/zu viel Arbeit, ...
- Materialien: standen genügend zur Verfügung, selbstständig weiteres Material gefunden, knifflige Suche notwendig, ...
- Zusammenarbeit: Aufgabenteilung gelungen/schwierig, Zuverlässigkeit der Arbeitsgruppenmitglieder, Beteiligung der Einzelnen am Gesamtergebnis, Konflikte in der Arbeitsgruppe, eigenes Verhalten (zuhören und ausreden lassen etc.), ...
- Präsentation oder Verlauf des Projektes: Ergebnisse übersichtlich und verständlich, Umfang, Gestaltung, Güte, Organisation, ...

Beratet zunächst in den Projektgruppen und tauscht euch aus. Notiert zu den einzelnen Bereichen die wichtigsten Rückmeldungen und Verbesserungsvorschläge, falls etwas nicht so gut gelaufen ist.

Tragt dann die Auswertungsergebnisse aller Gruppen zusammen. Schreibt auf einem Plakat in zwei Spalten auf, was gut bewertet wurde und was ihr beim nächsten Projekt besser machen könnt.

Kurznachricht

Stell dir vor, du schreibst deiner Freundin/deinem Freund eine Kurznachricht und erzählst von der Reli-Stunde. Fasse z.B. das Thema der Stunde zusammen. Was hat dich am meisten interessiert? Was hast du Neues erfahren? Welche Frage hast du noch? Etc.

Schreibe höchstens 20 Wörter.

Schreibe auf ein Blatt Papier in DIN A6. Du kannst es mit anderen austauschen oder es an der Pinnwand aufhängen.

Thermometer

Eine einfache Form, abzustimmen oder Meinungen auszudrücken: Malt ein Thermometer auf ein Plakat und teilt es in drei Bereiche ein: Grün für Zustimmung, Gelb für Unentschieden, Rot für Ablehnung. Klebt Klebepunkte oder malt mit Stiften einen Punkt neben das Thermometer in den Bereich, der für eure Antwort zutrifft.

Ihr könnt das Abstimmungsergebnis in Gruppen genauer untersuchen, z.B. Argumente, die für oder gegen etwas sprechen, sammeln und für eine Pro- und-Kontra-Diskussion nutzen.

Blitzlicht

Zum Abschluss einer Reli-Stunde: Teilt euch schnell und spontan mit, was euch z.B. interessiert hat, wo ihr noch Fragen habt, ob ihr mit dem Verlauf der Stunde zufrieden seid, was in der Stunde gelungen oder nicht so gelungen war. Reihum sagt jede/r nur einen Satz.

Lexikon

Abbild Gottes

In Gen 1,27 heißt es: „Gott schuf also den Menschen als sein Abbild, als Abbild Gottes schuf er ihn. Als Mann und Frau schuf er sie." Mann und Frau sind in gleicher Weise Abbild Gottes. Daraus lässt sich ableiten, dass sie die gleiche Würde vor Gott haben. Zu dieser Würde gehört auch, dass sie an Gottes Stelle Verantwortung für die Schöpfung übernehmen.

Wenn der Mensch „Abbild Gottes" ist, bedeutet das auch, dass seine Würde unantastbar ist. Niemand darf einen anderen Menschen unterdrücken, ihn verhöhnen, ihm Schmerzen zufügen oder ihn gar töten. Wenn alle Menschen in gleicher Weise als Abbild Gottes erschaffen sind, sind sie untereinander Geschwister und somit zur Nächstenliebe, zur Hilfe für

Schwache, Behinderte und Ausgegrenzte verpflichtet.

Advent

Das Wort Advent kommt aus dem Lateinischen und bedeutet Ankunft. In der Zeit vor Weihnachten, die sich über vier Sonntage erstreckt, bereiten sich die gläubigen Christen auf das Fest der Ankunft Christi vor. Mit der Adventszeit beginnt auch ein neues →Kirchenjahr.

Agape

Die Agape ist eine gemeinsame Mahlfeier, die von den →Urchristen im Zusammenhang mit der →Eucharistie gefeiert wurde. Die Gemeindemitglieder brachten Speisen und Getränke mit und teilten alles miteinander. Die Agape war auch eine Gabe für die Geschwister im Glauben. Schon in der →Apostelgeschichte 2,46 wird das Mahl erwähnt.

Altes und Neues Testament

Das Alte und das Neue Testament sind die zwei Teile der christlichen →Bibel. Das Wort Testament, auf die Bibel angewendet, bedeutet „Urkunde" und Bestätigung für den →Bund zwischen Gott und den Menschen.

Das *Alte Testament* ist im Wesentlichen identisch mit der Hebräischen Bibel und enthält 46 Bücher:
– die →Tora, das sind die fünf Bücher Mose,
– Bücher, die von der Geschichte des Gottesvolkes erzählen,
– Bücher der →Propheten,
– →Psalmen, Lieder und Bücher der Weisheit.

In diesen Büchern geht es um die Verkündigung Gottes, der den →Bund mit seinem Volk geschlossen hat, sich auch um jede/n Einzelne/n kümmert und für sie und ihn da ist. Der Zeitraum der Entstehung umfasst ca. 800 Jahre.

Das *Neue Testament* wurde in griechischer Sprache verfasst. Seine Inhalte sind Leben und Wirken, Worte und Taten, Tod und Auferstehung Jesu sowie die Verkündigung der frühen Christen. Das Neue Testament besteht aus

An jedem Sonntag im →Advent wird am Adventskranz eine (weitere) Kerze angezündet. Das zunehmende Licht ist ein Symbol für die Erwartung, dass Jesus bald geboren wird, das „Licht der Welt".

27 einzelnen Schriften:
– vier →Evangelien
– die →Apostelgeschichte
– 21 Briefe
– die Offenbarung des Johannes.
Da die Bibel aus so vielen einzelnen Büchern besteht, wird sie auch das „Buch der Bücher" genannt. Für Christen ist sie die Heilige Schrift, das wichtigste Buch überhaupt.

Apostelgeschichte (Apg)

So heißt das fünfte Buch im →Neuen Testament. Die Apg gilt als Fortsetzung des →Evangeliums nach →Lukas. Sie erzählt jedoch nicht, wie der Name vermuten lässt, die Geschichte der Apostel, sondern stellt dar, wie sich das Evangelium von →Jerusalem aus über Kleinasien (heutige Türkei) und Griechenland bis nach Rom, die damalige Welthauptstadt, ausgebreitet hat. Im Mittelpunkt der Darstellung steht zuerst →Petrus und ab dem 13. Kapitel →Paulus. Die Apg will besonders das Wirken des Heiligen Geistes zeigen. Deswegen wird im zweiten Kapitel das Kommen des Geistes an →Pfingsten besonders eindrucksvoll erzählt.

Aufbau der Pfarrei

In einer Pfarrgemeinde arbeiten viele Menschen haupt- und ehrenamtlich mit, z.B. →Kirchenpfleger/innen, →Lektor/innen, der →Pfarrer, weitere →Mitarbeiter/innen in der Gemeinde etc.
Der *Pfarrer* leitet die Gemeinde, koordiniert die Gemeindearbeit, spendet die Sakramente, verkündet das Evangelium.
Die *Gemeindemitglieder* gestalten das Gemeindeleben und sind durch die Taufe zu Gottesdienst und Weltdienst berufen.
Der *Pfarrgemeinderat* ist eine Gruppe von gewählten ehrenamtlichen Gemeindemitgliedern, der sich an der Organisation der Gemeindearbeit beteiligt. Er bildet Arbeitsgruppen, z.B. für Jugendarbeit, Erwachsenenbildung, Liturgie und Gottesdienst, Altenseelsorge, Öffentlichkeitsarbeit, und berät und unterstützt den Pfarrer bei der Wahrnehmung seiner Aufgaben.
Der *Kirchenvorstand* trägt die Verantwortung für Bau- und Finanzfragen.
Hauptamtliche Mitarbeiter/innen sind z.B. Diakon, Kaplan, Katechet/in, Pastoral-, Gemeindereferent/in, Pfarrsekretärin.
Nebenamtliche Mitarbeiter/innen, z.B. Mesner/in (auch Küster/in genannt), Ministrant/in, Lektor/in, Kommunionhelfer/in, Kirchenchor, Organist/in, leisten besondere Dienste.

BDKJ

ist die Abkürzung für „Bund der Deutschen Katholischen Jugend". Er ist der Dachverband von 17 katholischen Jugendverbänden und -organisationen und ist Sprachrohr für Kinder und Jugendliche. Er engagiert sich in Kirche, Politik und Gesellschaft für ihre Belange. Aus der christ-

Mitgliedsverbände im →BDKJ

lichen Verantwortung für die Schöpfung heraus setzt er sich z.B. für eine gerechtere Welt ein. Der BDKJ und seine Mitgliedsverbände sind in fast allen deutschen Diözesen vertreten. Regelmäßig ruft er zu bundesweiten Aktionen auf, z.B. zur 72-Stunden-Aktion.

Bibel

Die Heilige Schrift der Juden und Christen heißt Bibel. Die christliche Bibel ist eine Sammlung von vielen Büchern, die sich in das Alte und das Neue Testament gliedern. Die ältesten Schriften der Bibel wurden etwa 800 v.Chr. geschrieben, die jüngsten ungefähr 100 n.Chr. Die christliche Bibel ist also in fast 1000 Jahren entstanden. Das Wort Bibel stammt von dem griech. Wort *biblion* (= Buch).

Dieses lässt sich zurückführen auf die Stadt Byblos im heutigen Libanon, die der wichtigste Handelsplatz für Papyrus war, auf dem die heiligen Schriften zuerst aufgeschrieben wurden. Im Mittelalter wurde die Bibel von Mönchen von Hand auf Pergament abgeschrieben und reich verziert. 1521 übersetzte Martin Luther die Bibel vom Griechischen ins Deutsche. So waren auch Laien in der Lage, die Bibel zu lesen. Durch die Erfindung des Buchdruckes konnte die Bibel in großen Stückzahlen auf Papier, das billiger war als Pergament, gedruckt werden und verbreitete sich rasch. Bis heute wurde die Bibel in fast alle Sprachen übersetzt. Sie ist das am weitesten verbreitete und meistgedruckte Buch der Welt.

Bilderverbot

Nach Ex 20,4 („Du sollst dir kein geschnitztes Bild machen, kein Abbild von dem, was im Himmel droben und unten auf der Erde oder im Wasser unter der Erde ist.") gehört das Bilderverbot zum Dekalog, zu den sogenannten Zehn Geboten. Der Sinn erschließt sich aus der vorhergehenden Weisung: „Du sollst neben mir keine anderen Götter haben." Damit wird das Volk Israel auf die alleinige Verehrung →Jahwes verpflichtet, der sein Volk aus der Knechtschaft in Ägypten befreit hat.

Das biblische Bilderverbot richtet sich nicht gegen alle bildlichen Darstellungen, sondern wendet sich gegen die Anbetung von falschen Göttern und bloßen Abbildungen. Auch die Darstellung des

Aufgrund des →Bilderverbots sind →Moscheen mit Ornamenten und Kalligrafien von Koranversen geschmückt.

Kalligrafie der „Basmala", eine Formel, mit der die Suren im →Koran beginnen.

Gottes Jahwe ist verboten, weil die Wirklichkeit und Größe Gottes alles Darstellbare übersteigt und Gott unverfügbar ist.

Das Christentum hat sich immer wieder mit dem Bilderverbot auseinandergesetzt. Nach heftigen Konflikten zwischen Bilderfreunden und Bilderfeinden setzte sich im 9. Jahrhundert die Ansicht durch, dass Jesus Christus bildlich dargestellt werden darf. Da Christus „das Bild des unsichtbaren Gottes" ist (Kol 1,15), hat die Kirche Gottesbilder zugelassen (→Ikone). Auch im Islam gibt es ein Bilderverbot. Zum einen, um den sogenannten Götzendienst zu verhindern, zum anderen, weil Muslime in Gott den alleinigen Schöpfer

Der →Chanukka-Leuchter hat acht Arme. Die Kerze in der Mitte dient zum Anzünden.

sehen und sich kein Mensch durch die Schaffung eines Bildes von Menschen oder Tieren auf eine Stufe mit dem Schöpfer stellen darf. Der Koran kennt allerdings kein ausdrückliches Bilderverbot. Die diesbezüglichen Regelungen gehen auf überlieferte Aussprüche von →Muhammad und die Auslegungen der verschiedenen muslimischen Schulen zurück. Die Darstellung von Pflanzen und geometrischen Ornamenten ist dagegen erlaubt. Ebenso die kunstvolle Gestaltung von Koranversen. Daher ist die Kunst der Kalligrafie (Kunst des Schönschreibens) in der islamischen Kultur eine wichtige Ausdrucksform. So sind z.B. Moscheen stets mit Ornamenten reich geschmückt.

Bund

Das Wort kommt von „binden". Wenn einzelne Menschen oder Völker sich verbinden, also in beiderseitigem Einverständnis in eine enge Beziehung zueinander treten, nennt man das einen Bund. Es gibt z.B. einen Freundschaftsbund oder einen Ehebund oder einen Staatenbund.

Auch Gott hat immer wieder einen Bund mit den Menschen geschlossen: Sie dürfen ihm vertrauen und seinen Weisungen zum Leben folgen. Er hat ihnen versprochen, für sie da zu sein (Bund mit Noah, Bund mit Abraham, Bundesschluss am Sinai (vgl. Ex 24,1–11), der neue Bund in Jesus Christus im Neuen Testament).

Chanukka

Chanukka heißt das jüdische Lichterfest, das an die Wiedereinweihung des zweiten Tempels im Jahr 164 v.Chr. erinnert. Damals hat, laut der Überlieferung, das Licht am siebenarmigen Leuchter im Tempel ganze acht Tage gebrannt, obwohl der Vorrat an Öl nur für einen Tag gereicht hätte. Chanukka findet jährlich etwa zur gleichen Zeit wie das christliche Weihnachtsfest statt und dauert acht Tage. An jedem Tag wird nach Einbruch der Dunkelheit eine Kerze mehr am achtarmigen Chanukka-Leuchter (siehe links) entzündet, bis alle acht brennen. Dazu werden Lieder gesungen und Gebete gesprochen. Der Leuchter steht z.B. im Fenster, damit alle ihn gut sehen können und an das Wunder von Chanukka erinnert werden. Chanukka ist ein fröhliches Familienfest, an dem gemeinsam mit Freunden gefeiert wird. Es gibt traditionelle, in Öl gebackene Speisen und Gebäck, die Kinder spielen mit dem Chanukka-Kreisel, dem sogenannten Dreidel, und bekommen Geschenke.

Diözese

Eine Diözese wird auch Bistum genannt und ist ein kirchlicher Verwaltungsbezirk. Sie wird vom Diözesanbischof geleitet. Eine Diözese untergliedert sich in →Pfarrgemeinden. Jedes Bistum hat einen oder mehrere Bistumspatrone. Zurzeit gibt es sieben sogenannte Erzbistümer und 20 Bistümer in

Im Mittelalter wurde die →Dreieinigkeit häufig als sogenannter Gnadenstuhl gezeigt. Gottvater auf dem himmlischen Thron hält Christus am Kreuz; der Heilige Geist als dritte göttliche Person wird durch die Taube dargestellt. Die Abbildung oben zeigt die Dreieinigkeit (Dreifaltigkeit), die von vier Engeln umgeben ist. (Mittelteil eines niederländischen Flügelaltares)

Deutschland: Bamberg, Berlin, Freiburg, Hamburg, Köln, München und Freising, Paderborn und Aachen, Augsburg, Dresden-Meißen, Eichstätt, Erfurt, Essen, Fulda, Görlitz, Hildesheim, Limburg, Magdeburg, Mainz, Münster, Osnabrück, Passau, Regensburg, Rottenburg-Stuttgart, Speyer, Trier und Würzburg.

Dreieinigkeit

Der Glaube an die Dreieinigkeit (auch Dreifaltigkeit; Trinität) besagt, dass der eine Gott sich in drei Personen äußert: im Vater, im Sohn und im Heiligen Geist. Wir dürfen uns Gott aber nicht wie drei einzelne Götter vorstellen. Das Wort Person kommt von *personare* und heißt „hindurchtönen".

D.h., dass durch jede der drei göttlichen Personen der eine und einzige Gott „hindurchtönt": der Vater, der die Welt erschaffen hat, der Sohn, der in die Welt gekommen ist, und der Heilige Geist, der die Menschen in ihrem Inneren und in ihrem Tun erfüllt. In jeder Person Gottes begegnet uns also der eine Gott. Die Dreieinigkeit wurde im Mittelalter im sogenannten Gnadenstuhl bildlich dargestellt.

„Dritte Welt"/Eine Welt

Als „Dritte Welt" werden oft die armen Länder der Erde bezeichnet. Die reichen Industrienationen, zu denen auch Deutschland gehört, werden „Erste Welt" genannt. Doch diese Begriffe sind nicht gut gewählt: Es entsteht der Eindruck, als ob die „Dritte Welt" eine ganz andere Welt sei, nicht einmal die nächste, sondern die übernächste. Dabei gibt es doch nur „Eine Welt", in der alle Länder

Das Fairtrade-Siegel erhalten Produkte, die im Sinne der „Einen Welt" fair gehandelt werden.

gemeinsam verantwortlich sind für eine gerechte Gestaltung der „Einen Welt". Bei uns gibt es Läden, in denen man Waren (Spielzeug, Lebensmittel, Schokolade, Kaffee, Körbe, Tücher etc.) aus den armen Ländern zu gerechten Preisen kaufen kann. Sie heißen Eine-Welt-Läden oder kurz WeltLäden. Die katholische und die evangelische Kirche in Deutschland haben →Hilfswerke für die Menschen in armen Ländern eingerichtet.

Ehe →Sakrament

Erlösung

Das Wort „Erlösung" bedeutet zweierlei: Erstens: In früheren Zeiten konnten Sklaven freigekauft werden, wenn jemand für sie Lösegeld zahlte. Dann waren sie „erlöst" und frei. Zweitens: Wenn jemand beim Bergsteigen in unwegsames Gelände geraten ist, braucht er einen Bergretter, der ihn aus seiner aussichtslosen Lage „erlöst". Dasselbe gilt bei der Rettung eines Ertrinkenden. Ohne Retter wäre er dem Tod ausgeliefert. Die Wörter „Erlösung", „Befreiung", „Rettung" bedeuten im Prinzip das Gleiche. Es kann auch vorkommen, dass der Retter bei seiner Befreiungsaktion selbst in Lebensgefahr gerät und stirbt. Dieses Beispiel lässt sich gut auf Jesus übertragen. Wenn Paulus sagt „Christus ist für uns gestorben", dann meint er: Christus hat sein Leben für uns eingesetzt, damit wir befreit werden aus Leid

Kinder und Jugendliche sammeln bei der jährlichen Sternsingeraktion des →Hilfswerkes Kindermissionswerk Spenden für Kinder in aller Welt. Zum Dank segnen sie das Haus und seine Bewohner und Bewohnerinnen.

und Tod. Er lebt unser Leben und stirbt unseren Tod. Näher kann Gott den Menschen nicht kommen. So ist er zu unserem Erlöser geworden. Freilich werden wir in diesem Leben alle einmal sterben, aber wir glauben, dass wir mit Christus ewig leben werden. Das bedeutet Auferstehung. Die Erlösung, die uns Christus geschenkt hat, reicht über dieses Leben hinaus ins ewige Leben bei Gott.

Erntedank

Beim Erntedankfest danken Christen Gott für die Früchte der Erde und der menschlichen Arbeit. Es wird meist am ersten Sonntag im Oktober gefeiert. In den Kirchen werden Brot, Obst und Gemüse, Getreide, Honig und Wein am Altar aufgebaut und gesegnet. In vielen Gemeinden finden an diesem Tag Prozessionen oder Umzüge statt als Ausdruck der Freude über

Gottes gute Gaben. In protestantischen Gemeinden wird Erntedank in der Regel am Michaelstag (29. September) gefeiert.

Erscheinung des Herrn

Dieses Fest ist besser bekannt als „Fest der Heiligen Drei Könige" und wird am 6. Januar gefeiert. Es wird auch Epiphanie genannt, d.h. Erscheinung. Die Christen denken dabei an die Erzählung aus dem Matthäus-Evangelium: „… (es) kamen Sterndeuter aus dem Osten nach Jerusalem und fragten: Wo ist der neugeborene König der Juden? Wir haben seinen Stern aufgehen sehen und sind gekommen, ihm zu huldigen" (Mt 2,1–12). Der Stern weist darauf hin, dass Jesus das Licht für die Welt ist. Die Sterndeuter brachten Jesus als Geschenk drei wertvolle Gaben: Gold, Weihrauch und Myrrhe. Daher festigte sich schon früh die Vorstellung von reichen Königen. Ein beliebter Brauch an diesem Fest ist das Sternsingen: Kinder und Jugendliche ziehen als Könige verkleidet singend von Haus zu Haus und bitten um eine Spende für die Mission. Auf die Haustüren schreiben sie mit Kreide den Haussegen C+M+B, umrahmt von der Jahreszahl. Die Buchstaben stehen für *„Christus mansionem benedicat"*, das heißt: „Christus segne dieses Haus". Diese Buchstaben stehen zugleich für die Namen der Könige Caspar, Melchior und Balthasar. In den Ostkirchen, die noch dem Julianischen Kalender folgen (siehe

Eingangsseite eines Evangelienbuches mit den Symbolen von →Matthäus, →Markus, →Lukas und →Johannes. Buchillustration, Book of Kells, um 800

in seine Gemeinschaft hineingenommen. Wenn der Priester den Segen über die Gaben spricht, tut er das mit den Worten Jesu beim Letzten Abendmahl: „Das ist mein Leib" und „das ist mein Blut". Brot und Wein werden damit zum sichtbaren Zeichen dafür, dass Christus wirklich bei den Menschen ist. Christinnen und Christen wissen: Wann immer sie im Namen Christi versammelt sind, ist er mitten unter ihnen.

Evangelium/Evangelien

Das griechische Wort bedeutet „gute Botschaft" oder „eine Botschaft, die froh macht (Frohe Botschaft)". Jesus verkündet die gute Botschaft, dass das Reich Gottes nahe gekommen ist. Die Christen glauben, dass mit Jesus Christus die Zeit des Heils angefangen hat. Auch die vier biblischen Schriften des →Neuen Testaments, die von den Taten und Worten Jesu erzählen, werden Evangelien genannt (Evangelium nach →Matthäus, →Markus, →Lukas und →Johannes). In der Messfeier wird als Höhepunkt des Wortgottesdienstes daraus vorgelesen.

Fastenbrechen

Während der Fastenzeit im →Ramadan essen gläubige Muslime erst nach Sonnenuntergang. Sie brechen das Fasten, indem sie Datteln essen und ein Gebet sprechen. Danach findet die Mahlzeit statt, oft gemeinsam mit Freunden und Familie.

S. 126), fällt das Weihnachtsfest auf den 6./7. Januar; Erscheinung des Herrn wird 13 Tage später, am 19. Januar gefeiert.

Eucharistie

Das Wort „Eucharistie" kommt aus dem Griechischen und heißt Danksagung. Bei der Eucharistie erinnern sich die Christen an den Tod und die Auferstehung Jesu und danken Gott für alles, was er durch Jesus für die Menschen getan hat. Sie ist der wichtigste Gottesdienst für die katholischen Christen. Im gemeinsamen eucharistischen Mahl wird Jesus gegenwärtig. →Priester und Gemeinde werden

Fest des Fastenbrechens

Das Fest des Fastenbrechens beginnt am Ende des →Ramadan und dauert drei Tage. Es ist eines der wichtigsten Feste im Islam. Die →Muslime versammeln sich zum gemeinsamen Festgebet in der →Moschee und feiern anschließend mit der Familie und mit Freunden das Ende der Fastenzeit. Kinder bekommen Geschenke und Süßigkeiten, weshalb das Fest in der Türkei auch den Namen „Zuckerfest" *(Seker Bayrami)* trägt.

Firmung

Die Firmung (von lat. *confirmatio* = Befestigung, Stärkung) ist die Bestätigung der →Taufe. In der Taufe haben die Eltern ihrem Kind die Verbundenheit mit Jesus Christus auf den Lebensweg mitgegeben. Der Firmling ist auf seinem Weg schon ein Stück gegangen. Vieles kann und muss er jetzt selbst entscheiden. Das bedeutet auch, dass ihm bereits Verantwortung übertragen wird: zu Hause, in der Schule und im Glauben. Das →Sakrament der Firmung bestätigt, dass der Jugendliche endgültig und verantwortlich in die Gemeinschaft der Kirche aufgenommen ist (1 Kor 6,19). Es zeigt, dass er wirklich mit Jesus Christus verbunden ist. Er entscheidet selbst, wie er sein Leben nach dem Vorbild Jesu ausrichten will.
Bei der Firmung legt der Bischof dem Firmling die Hand auf, salbt die Stirn mit Chrisam und ruft den Heiligen Geist herab. Die Handauflegung ist eine Geste des Segens, der Verbundenheit und der Beauftragung. Die Salbung mit dem duftenden Öl steht für den „Duft der Erkenntnis Christi" (2 Kor 2,15), der den Firmling im Glauben stärkt (Mk 13,11; Apg 1,8). Die Firmung darf nur von einem Bischof oder einem von ihm beauftragten Priester gespendet werden. Meistens findet die Firmung etwa mit 14 bis 16 Jahren statt. Wer sich als Jugendliche/r noch nicht für das Sakrament entscheiden will, kann es später nachholen.
Zur Unterstützung und Begleitung über den Tag der Firmung hinaus steht dem Firmling ein Firmpate oder eine Firmpatin zur Seite.

Ein Fresko von →Franz von Assisi aus der Unterkirche in Subiaco, Italien

Franz von Assisi/heiliger Franziskus

Franz von Assisi wurde 1181/82 als Sohn reicher Eltern geboren und führte ein unbeschwertes Leben. Er war bei seinen Freunden sehr beliebt und hoch geschätzt. Während des Krieges zwischen Perugia und seiner Heimatstadt Assisi geriet er in Gefangenschaft. Während der Haft, die ein Jahr dauerte, wurde er schwer krank. Während der Krankheit erfuhr er seine Berufung zu einem Leben in radikaler Armut nach dem Vorbild Jesu. Seitdem sorgte er sich um die vielen Kranken und Armen in Assisi und Umgebung und pflegte Leprakranke. Für die Renovierung einer Kirche verkaufte er einige Ballen Stoff aus dem Besitz seines Vaters. Dies führte zum Zerwürfnis mit dem Vater, der die Wandlung seines Sohnes nicht verstehen konnte. Franz verzichtete auf sein Erbe, entsagte seiner Herkunft und bisherigen gesellschaftlichen Position und führte fortan ein Leben in Armut. Er fand viele Gleichgesinnte, die sich ihm anschlossen, junge Menschen aus wohlhabenden Familien, aber auch einfache Handwerker. Die Gemeinschaft gab sich eine Regel, die im Jahre 1210 von Papst Innozenz III. bestätigt wurde. Nachdem Franz zum Diakon geweiht worden war, vergrößerte sich die Schar seiner Gefährten immer mehr. Der Bettelorden der Franziskaner wuchs. Franz lebte in engster Verbundenheit mit der Natur. In Tieren, Pflanzen, Wasser, Wind, Sonne, Mond und Sternen konnte er Schwestern und Brüder des Menschen sehen: alle Geschöpfe eines guten Gottes.

Kurz vor seinem Tod im Jahre 1226 vollendete er seinen berühmten Sonnengesang, in dem er seine Liebe zu den Geschöpfen ausdrückte. Schon 1228 wurde er heiliggesprochen.

Glaubensbekenntnis

Menschen bekennen ihren Glauben im alltäglichen Handeln und in bestimmten Worten. Im Mittelpunkt des christlichen Glaubensbekenntnisses steht Jesus Christus. Deshalb ist eine kurze Formel wie „Jesus ist der Herr" (1 Kor 12,3) schon ein Glaubensbekenntnis (Credo). Solche Bekenntnisse wurden im Laufe der Zeit erweitert, um auszudrücken, welche Bedeutung Jesus, sein Tod und seine Auferstehung haben. Das gebräuchlichste ist das sogenannte Apostolische Glaubensbekenntnis. Es heißt so, weil man lange Zeit angenommen hat, dass es die Apostel selbst verfasst haben. Es besteht aus drei Teilen, die Aussagen zur →Dreieinigkeit Gottes machen.
Der erste Abschnitt beginnt mit „Ich glaube an Gott, den Vater, den Allmächtigen", der zweite mit „Ich glaube an Jesus Christus", der dritte mit „Ich glaube an den Heiligen Geist". Diese drei Bekenntnisse entsprechen den drei Fragen, die den Taufkandidaten in der frühen Kirche gestellt wurden. Bis heute ist das Bekenntnis des Glaubens die Voraussetzung zur Spendung der →Taufe. Das Glaubensbekenntnis ist also ein →Symbol der Christen. Denn Jesus selbst ist gleichzeitig

Sohn Gottes und Symbol Gottes in der Welt, also Symbol und Wirklichkeit in einer Person. In der frühen Kirche hieß das Glaubensbekenntnis „symbolon".

Gleichnis

Ein Gleichnis ist eine bildhafte Rede. Dabei wird eine Geschichte erzählt, die auf etwas anderes hinauslaufen soll als das, was wörtlich im Text steht – auf etwas, das für das Leben der Hörer oder Leser eine Bedeutung hat. Auch ein einfacher Vergleich kann ein Gleichnis sein, z.B. wenn Jesus sagt: „Mit dem Himmelreich ist es wie mit dem Sauerteig" (Mt 13,33). Solche Vergleiche nennt man auch „Bildworte". Man erkennt sie an dem Wörtchen „wie". Oft hat aber ein Gleichnis die Form einer ganzen Erzählung. Sie kann von einer Situation ausgehen, wie sie die Menschen zur Zeit Jesu täglich erleben konnten, z.B. auf welchen Boden das Getreidekorn fällt, das ein Bauer ausgesät hat, und was dann mit ihm geschieht (Mk 4,3–8). Ein Gleichnis kann aber auch ein außergewöhnliches Ereignis erzählen, z.B. wie einmal ein Mann unter die Räuber gefallen ist und ihm ausgerechnet diejenigen Leute nicht geholfen haben, von denen man es am meisten erwartet hätte, ein verachteter Samariter aber schon (Lk 10,30–37). Ein solches Gleichnis wird nicht erzählt, damit die Menschen eine Neuigkeit erfahren, sondern damit sie es auf ihr Leben beziehen und sich fragen: Was hätte

ich getan? Wie müsste ich handeln? Was müsste ich in meinem Leben verändern? Im Neuen Testament war es immer nur Jesus, der Gleichnisse erzählt hat. Er wollte seinen Zuhörern damit zeigen, wie Gott mit den Menschen umgeht, aber auch, was er von ihnen erwartet. Viele Gleichnisse Jesu sind auf das künftige Himmelreich gerichtet, sie zeigen aber auch, wie schon jetzt das Himmelreich unter den Menschen auf Erden anfangen könnte.

Gruppen in Israel

Zur Zeit Jesu gab es in Israel verschiedene religiöse Gruppen: Die *Pharisäer* waren fromme →Juden, die besonders angesehen waren. Keiner jüdischen Gruppe stand Jesus so nahe wie ihnen, z.B. im Glauben an die Auferstehung, in der Erwartung des kommenden Reiches Gottes und in der Hochachtung des Liebesgebotes als wichtigstem Gebot. Die Pharisäer wollten Vorbild sein und das ganze Volk zu einem heiligmäßigen Leben führen. Mit manchen unter ihnen geriet Jesus wegen ihrer z.T. übertriebenen Beachtung von Glaubensvorschriften in Konflikt. Es ist aber nicht gerecht, „Pharisäer" als Schimpfwort zu gebrauchen. Die *Sadduzäer*, eine verhältnismäßig kleine Gruppe, waren Juden aus →Jerusalem oder aus dem Priesteradel, meist reich und gebildet. Ihr Name leitet sich vom Hohepriester Zadok ab. Die Sadduzäer beriefen sich nur auf das geschriebene Gesetz und auf die buchstabengetreue

Einhaltung der Gesetze. Sie glaubten nicht an eine Auferstehung, weil davon in den ersten Büchern des →Alten Testaments nicht die Rede ist. Um ihre Macht und ihre Interessen zu erhalten, arbeiteten die Sadduzäer mit den Römern zusammen. Die *Schriftgelehrten* waren Fachleute für das Gesetz und die heiligen Schriften und deswegen hoch angesehen. Eine ihrer Aufgaben war das Abschreiben und Erforschen der heiligen Schriften und des Gesetzes. Da das Gesetz das Leben der Juden regelte, hatten die Schriftgelehrten großen Einfluss.

Die *Samaritaner* sind eine religiöse Gruppe in der Provinz Samaria, die zwischen Judäa und Galiläa liegt. Unter der Herrschaft der Assyrer im 8. Jahrhundert v.Chr. wurden Teile der Bevölkerung verschleppt und neue Bewohner angesiedelt. Deshalb galten die Samaritaner den frommen →Juden als unrein und wurden von ihnen gemieden. Die Samaritaner erbauten sich einen eigenen Tempel auf dem Berg Garizim. Sie glauben wie die Juden an den einzigen Gott Jahwe. Heute gibt es noch eine Gruppe von etwa 700 Samaritanern in Israel und im Westjordanland.

Hebräer/hebräisch

Als die →Israeliten noch in Ägypten lebten, wurden sie Hebräer genannt, abgeleitet von hapiru, das ursprünglich „die von der anderen Seite", also „Fremdlinge", bedeutete. Sie wohnten als Nomaden im Umland befestigter Städte und mussten für die ägyptischen Herrscher (→Pharao) arbeiten. Darüber wird im →Alten Testament im zweiten Kapitel des Buches Exodus berichtet. Ihre Sprache, das Hebräische, ist die Sprache des Alten Testaments. Hebräisch wird von rechts nach links gelesen und nur die Konsonanten (Mitlaute) eines Wortes werden geschrieben. Das hebräische Alphabet hat 22 Buchstaben. In Israel wird heute ein modernisiertes Hebräisch gesprochen.

Herrenjahr

Herrenjahr ist die ursprüngliche Bezeichnung für Kirchenjahr. Das Wort „Herr" hat im →Neuen Testament eine andere Bedeutung als in der heutigen Sprache. Es wird dort nur auf Christus angewendet und ist eine Übersetzung des griechischen Wortes *kyrios* im Sinne von „Herrscher". Der *kyrios* ist einer, der Macht hat. Paulus hat dieses Wort häufig gebraucht. Wenn er sagt: „Jesus ist der Herr" (Röm 10,9), meint er: Jesus ist allen Mächten dieser Erde überlegen. Insofern heißt Herrenjahr so viel wie Christusjahr.

Hildegard von Bingen

Hildegard (1098–1179) gilt als die bekannteste gelehrte Frau des Mittelalters. Man nennt sie *prophetissa teutonica*, d.h. deutsche →Prophetin. Seit ihrem 40. Lebensjahr schrieb sie umfangreiche Bücher über den christlichen Glauben, über Naturkunde und Medizin. Deswegen gilt sie auch als erste deutsche Ärztin. Heute noch wird Medizin nach ihren Rezepten hergestellt. Sie war Benediktinernonne und gründete zwei Klöster, in Bingen und in Rüdesheim, die sie als Vorsteherin (Äbtissin) leitete. Für ihre Klostergemeinschaften kom-

Die Illustration einer Vision der hl. →Hildegard zeigt als Detail die Äbtissin als Schriftstellerin, Handschrift um 1230.

poniere sie Gesänge und verfasste religiöse Gedichte. Zu Pferde reiste sie im ganzen Land herum und predigte öffentlich auf Marktplätzen und in Klöstern. Sogar der Kaiser schätzte Hildegard als Ratgeberin.

Hilfswerke

Die Hilfswerke der Kirche (s.u.) haben sich die Aufgabe gestellt, Armut und Not zu bekämpfen und Bemühungen um eine gerechtere Welt zu unterstützen. Sie werben für einen Ausgleich zwischen armen und reichen Ländern (→„Dritte Welt"/„Eine Welt"). In Deutschland werden dazu nicht nur Spenden gesammelt. Die Hilfswerke betreiben auch Informationsarbeit, damit uns die Menschen in armen Ländern als Partner bewusst werden, die unsere →Solidarität verdienen. Die Hilfswerke stellen Informationsmaterial

ADVENIAT
Hilfe der Katholiken in Deutschland für die Menschen in Lateinamerika
Gildehofstr. 2
45127 Essen
www.adveniat.de

Kindermissionswerk Die Sternsinger
Stephanstr. 35
52064 Aachen
www.kindermissionswerk.de

Deutsche Lepra- und Tuberkulosehilfe e. V.
Raiffeisenstr. 3
97080 Würzburg
www.dahw.de

Misereor
Aktion gegen Hunger und Krankheit in der Welt
Mozartstr. 9
52064 Aachen
www.misereor.de

Christliche Initiative Romero e. V. (CIR)
Schillerstr. 44
48155 Münster
www.ci-romero.de

Internationales Katholisches Missionswerk
Goethestr. 43
52064 Aachen
Pettenkoferstr. 26
80336 München
www.missio.de

Deutscher Caritasverband
Karlstr. 40
79104 Freiburg
www.caritas.de

RENOVABIS
Solidaritätsaktion der deutschen Katholiken mit den Menschen in Mittel- und Osteuropa
Domberg 27
85354 Freising
www.renovabis.de

Katholische und überkonfessionelle →Hilfswerke

– auch für Kinder und Jugendliche – zur Verfügung. Sie machen auf Anfrage Vorschläge, wie man Aktionen durchführen kann, und stellen den Kontakt zu den Menschen her, denen eine Aktion zugutekommen soll.

Id ul Fitr →Fest des Fastenbrechens

Ikone

Eine Ikone (von griech. *eikon* = Abbild, Bild) ist ein geweihtes Kultbild in den orthodoxen Kirchen. Sie stellt kein Porträt dar und dient nicht der Dekoration des Kirchenraums, sondern hat eine theologische und spirituelle Funktion. Die Gläubigen verehren vor den Ikonen z.B. Christus. Durch die Ikone entsteht zwischen dem Betrachter und dem Dargestellten eine tiefe Verbindung. Motive der Ikonen sind z.B. Christus, Maria, die Dreifaltigkeit und Heilige. Die Gestaltung der Ikonen erfolgt nach festgelegten Regeln, was Gestik, Mimik, Attribute und Farbgebung angeht. Es wird mit der immer gleichen Technik gearbeitet, sie werden meist mit Temperafarben auf Holz gemalt. Die einzelnen Farben haben Symbolwert. Der Hintergrund wird z.B. üblicherweise mit Blattgold vergoldet, das für die Sphäre des Göttlichen steht. Die Maler der Ikonen sind meistens Mönche oder Nonnen, die sich nicht als individuelle Künstler verstehen, sondern als „religiöse Handwer-

ker". Deshalb sind Ikonen nicht signiert. In orthodoxen Kirchen zieren mehrere Ikonen die Ikonostase, eine Wand mit drei Türen, die den Altarbereich vom übrigen Kirchenraum trennt.

Israel/Israeliten

Israel bedeutet „der mit Gott kämpft/ringt". Jakob, in dem das spätere Volk Israel seinen Stammvater sah, erhielt diesen Namen nach dem Kampf mit Gott am Fluss Jabbok (Gen 32,29). Die Bezeichnung „Israeliten" leitet sich davon ab.

Auch das Land Kanaan wurde später Israel genannt. Als das Reich des Königs Salomo nach seinem

Diese byzantinische Ikone aus dem 13. Jahrhundert stellt Christus Pantokrator, d.h. Weltenherrscher, dar. Die ältesten Ikonen stammen aus dem 6. Jh. n.Chr. vom Berg Sinai.

Tod auseinanderbrach, erhielt das Nordreich den Namen Israel. Seine Hauptstadt war Samaria. Das Nordreich wurde später von den Assyrern erobert und zerstört. Seit 1948 gibt es wieder einen Staat Israel. Seine Bewohner nennen sich heute Israelis.

Jahwe

Nach biblischer Überlieferung (Ex 3,14) offenbarte Gott in der Wüste dem Mose seinen Namen JHWH. Da im →Hebräischen nur Mitlaute geschrieben und die Selbstlaute durch Punkte gekennzeichnet werden, gab es verschiedene Aussprachen für den Namen Gottes. Heute sind sich die Forscher weitgehend einig, dass der Name als „Jahwe" auszusprechen ist. Er bedeutet „Ich bin da – Ich werde da sein". In ihm kommt der Glaube zum Ausdruck, dass Gott für sein Volk →Israel und für alle Menschen immer da ist und sie begleitet. Der Name „Jesus" lautet in hebräischer Sprache Jehoschua oder Joschua, das heißt „Jahwe rettet". Fromme Juden sprechen aus Ehrfurcht den Namen Jahwe nicht aus.

Jerusalem

Jerusalem ist eine der ältesten menschlichen Siedlungen der Welt. Bei Ausgrabungen wurden Scherben gefunden, die aus der Zeit um 5000 v.Chr. stammen. Seit Jerusalem um 1000 v.Chr. von König David erobert wurde, war es die Hauptstadt der →Israeliten.

→Jerusalem, die heilige Stadt für Christen, Juden und Muslime

Durch den Tempelbau unter König Salomo wurde es zum religiösen Mittelpunkt. König Nebukadnezzar von Babylon ließ 586 v.Chr. die Stadt und den Tempel zerstören und viele Jüdinnen und →Juden nach Babylon verschleppen. Nach dem Exil wurde die Stadt wieder aufgebaut.

Auch zur Zeit Jesu war Jerusalem das religiöse Zentrum für die Juden, daran änderte auch die Zerstörung der Stadt durch die Römer im Jahr 70 n.Chr. nichts. Heute ist Jerusalem die Hauptstadt des Staates Israel und sowohl für Juden als auch für Christen und Muslime eine Stadt von hervorragender religiöser Bedeutung.

Johannes (Joh)

Das vierte und jüngste →Evangelium wird Johannes-Evangelium genannt. Es ist nach heutigem Kenntnisstand um 100 n.Chr. entstanden und wohl nicht von einem Verfasser allein, sondern von der „johanneischen Schule" geschrieben worden. Das Johannes-Evangelium unterscheidet sich durch Sprache und Inhalt von den drei anderen Evangelien (→Mk, →Mt, →Lk). Es betont das göttliche Wesen von Jesus stärker als sein irdisches Leben. Das Symbol des Joh ist der Adler (s. S. 160).

Juden

Volk

Juden wurden die Bewohner von Judäa genannt, das durch die Teilung des Königreiches →Israel nach der Regierungszeit von König Salomo entstanden war. In den ältesten Schriften der Bibel ist von →Israeliten die Rede. Die Bezeichnung Juden wurde später auf alle Angehörigen des israelitischen Volkes angewandt. Ihre Sprache ist →Hebräisch.

Religion

Die Religion der Juden ist eine Offenbarungsreligion, d.h. Jüdinnen und Juden glauben, dass Gott sich dem Volk geoffenbart hat, indem er zu den Vorfahren und durch die →Propheten gesprochen hat. Ein wichtiges Ereignis in der Glaubensgeschichte des Volkes Israel ist der →Bund, den Gott mit ihm geschlossen hat. Er ist im →Alten Testament erzählt als Bundesschluss am Sinai (Ex 19,1–25). Die höchste Autorität in der jüdischen Religion ist das Wort Gottes, das im Tanach, der heiligen Schrift, aufgeschrieben ist. Weil das Wort Gottes so wichtig ist, lernten die jüdischen Kinder schon lange, bevor es in Europa Schulen gab, lesen. Die sogenannte Hebräische Bibel der Juden entspricht ungefähr dem Alten Testament der christlichen Bibel.

Das zweite Gebot „Du sollst dir kein Gottesbild machen" verbietet in der jüdischen Religion jegliche Darstellung von Gott.

Auch Jesus war ein Jude. Zu seiner Zeit war Judäa von den Römern besetzt, und die Juden warteten auf einen Befreier, den sie Messias (= *hebr.* Gesalbter) nannten. Alle, die in Jesus den erwarteten Messias sahen, nannte man später Christen (nach Christos = *griech.* Gesalbter).

Jüdische Zeitrechnung

Während die christliche Zeitrechnung (ungefähr) mit dem Jahr der Geburt Christi beginnt, beginnt die jüdische mit der sogenannten Erschaffung der Welt. Sie wird nach einer alten biblischen Zeitrechnung auf das Jahr 3760 vor unserer Zeitrechnung festgelegt. Um das aktuelle jüdische Jahr auszurechnen, zählt man zu dieser Zahl die entsprechende Jahreszahl der christlichen Zeitrechnung hinzu.

Kaaba

Die Kaaba ist das wichtigste Heiligtum der →Muslime. Sie befindet sich im Innenhof der Heiligen Moschee in →Mekka. Die Muslime schauen beim Gebet in Richtung der Kaaba. Während der →Pilgerfahrt umrunden die Pilger die Kaaba siebenmal.

Der Bau hat die Form eines Würfels und wird von einem schwarzen Tuch mit aufgestickten Koranversen *(Kiswa)* verhüllt.

Die Kaaba war schon in vorislamischer Zeit ein Heiligtum. Nach der islamischen Überlieferung wurde sie von Adam errichtet und von Abraham und Isaak wiederaufgebaut. Als Muhammad Mekka erobert hatte, entfernte er die Götterstatuen, die bislang von den Mekkanern dort verehrt worden waren.

Kanon

Kanon bedeutet ursprünglich so viel wie „Maß" oder „Richtschnur". Wenn man vom Kanon der biblischen Bücher spricht, ist damit das endgültig festgelegte Maß der heiligen Schriften in all ihrer Vielfalt und Unterschiedlichkeit gemeint, also die kirchlich anerkannte Sammlung der Schriften des →Alten und des Neuen Testaments.

Kirchenvorstand

Der Kirchenvorstand unterstützt den →Pfarrer bei der Verwaltung des Vermögens und des Personals einer Pfarrei. Die Mitglieder des Kirchenvorstandes werden vom Pfarrgemeinderat oder direkt von den Gemeindemitgliedern gewählt. Der Vorsitzende ist meist der Gemeindepfarrer. Gemeinsam überlegen sie, wie z.B. das Geld der Gemeinde verwendet werden soll.

Kloster

Ein Kloster ist ein Ort, an dem Männer oder Frauen in einer Gemeinschaft ihren Glauben leben. Die Mönche oder Nonnen leben nach einer bestimmten Regel, die von dem jeweiligen →Orden vorgegeben ist.

Der Tagesablauf im Kloster wird von einem Wechsel von gemeinsamen und individuellen Gebetszeiten und Arbeitszeiten bestimmt. Die Leitung eines Klosters liegt bei einem Oberen bzw. bei einer Oberin, der bzw. die von den Mitbrüdern bzw. Mitschwestern gewählt wird.

Die Gebäude des Klosters umfassen nach dem idealen Grundriss die Klosterkirche, den räumlichen und geistlichen Mittelpunkt der Anlage, einen Hof, der von einem Kreuzgang umgeben ist, den Kapitelsaal, der der Versammlungsraum der Klostergemeinschaft ist, den Schlafbereich *(dormitorium)* und den Speisesaal *(refectorium)*. In vielen Klöstern gibt es daneben auch Wirtschaftsräume und Gartenanlagen, in denen der Lebensunterhalt des Klosters, zumindest teilweise, erarbeitet wird.

Pilger beim Umkreisen der Kaaba in →Mekka, dem wichtigsten Heiligtum der →Muslime

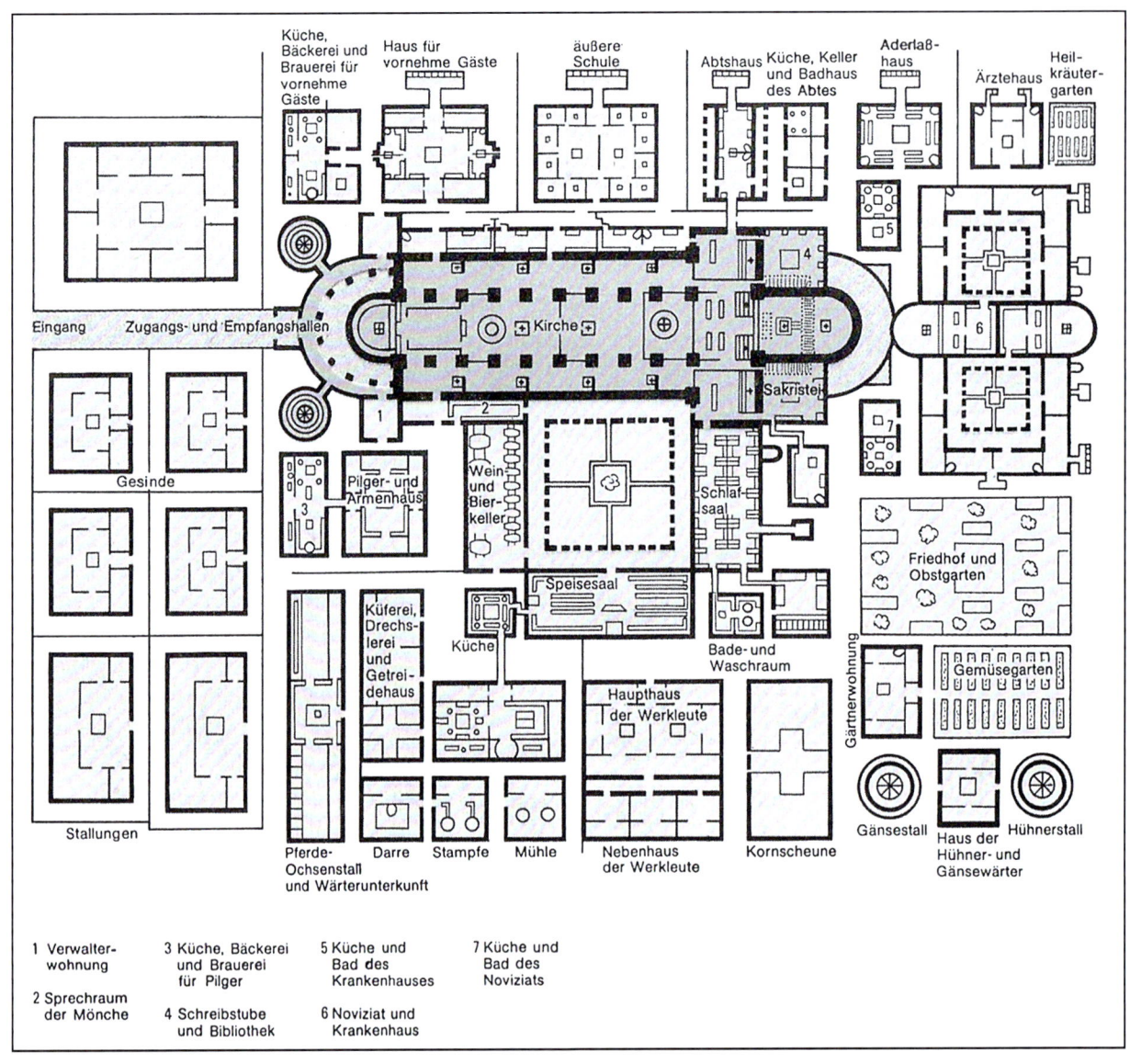

Grundriss einer Klosteranlage nach dem sog. St. Galler Klosterplan aus dem 9. Jahrhundert

Klöster waren in früheren Zeiten oft Ausgangspunkt für die Entwicklung von Kulturland und Mittelpunkt des religiösen Lebens. Oft besaßen sie große Ländereien, die von abhängigen Bauern bewirtschaftet wurden. Einige Klöster waren sehr reich und mächtig. In den mittelalterlichen Schreibstuben *(scriptorium)* der Klöster kopierten Mönche per Hand Bibeln, Gebet- und andere Bücher. Dadurch waren die Klöster sehr wichtig für die Verbreitung und Bewahrung des Glaubens und des Wissens der Zeit. Klöster gibt es nicht nur in der christlichen Tradition, sondern z.B. auch im Buddhismus.

Versammlung der Konzilsväter während des Zweiten Vatikanischen Konzils

Konzil

Bei einem Konzil (von lat. *concilium* = Zusammenkunft) versammeln sich der Papst und die Bischöfe der Weltkirche, um über wichtige Angelegenheiten des →Glaubens und der Kirche zu beraten und zu entscheiden. Es wird vom Papst einberufen. Die Ergebnisse der Beratungen bei einem Konzil gelten für die gesamte katholische Kirche.
Das Zweite Vatikanische Konzil (1962–1965) war das jüngste Konzil. Sein Ziel war die Erneuerung der Kirche.

Konziliarer Prozess

Der Konziliare Prozess ist eine weltweite ökumenische Bewegung,

Das Logo des →Konziliaren Prozesses

die sich für Frieden, Gerechtigkeit und die Bewahrung der Schöpfung einsetzt. Grundlage ist die Überzeugung, dass Gott auf der Seite der Armen steht und jede Art der Machtausübung vor Gott verantwortet werden muss, dass alle Menschen gleichwertig sind und ein dauerhafter Frieden nur durch Gerechtigkeit zu erreichen ist. Auf die insgesamt zehn sogenannten Grundüberzeugungen verständigten sich die christlichen Kirchen 1990 auf der ökumenischen Weltversammlung in Seoul. Christinnen und Christen in Gemeinden überall auf der Welt griffen diese Anliegen auf und machten sie zur Grundlage für ihr Denken und Handeln.

Koran

Das Wort Koran (*arab.: al-Qur'an*) bedeutet „das Vorzutragende". Der Koran ist das heilige Buch der →Muslime. Er hat absolute Autorität, weil er nach muslimischem Glauben direkt von Gott kommt. Nach Aussage des Korans offenbarte der Erzengel Gabriel dem Propheten →Muhammad die Worte Gottes (Sure 2:97 und 42:52). Muhammad ließ sie aufschreiben, nicht alles auf einmal, sondern über einen Zeitraum von 23 Jahren.
Der Koran hat etwa den gleichen Umfang wie das →Neue Testament. Er ist in 114 Kapitel, genannt Suren, unterteilt. Diese sind nach ihrer Länge geordnet.

Der →Koran, das heilige Buch der →Muslime, ist oft kunstvoll geschmückt. Er wird auf einem Koranständer abgelegt.

Krankensalbung

Die Krankensalbung ist eines der sieben →Sakramente der katholischen Kirche. Sie wird gespendet, wenn Kranke durch ihren gesundheitlichen Zustand längere Zeit nicht am gemeinschaftlichen Leben und kirchlichen Feiern teilnehmen können. In der besonderen Not der Krankheit wird die Krankensalbung in der Gemeinschaft eines Gottesdienstes oder am Krankenbett gespendet. Der Priester salbt den Kranken oder die Kranke auf der Stirn und auf den Händen,

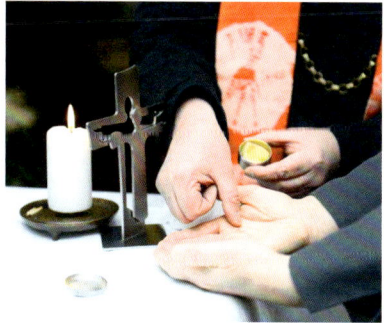

Die →Krankensalbung bedeutet eine Stärkung in Krankheit oder in einer Lebenskrise.

betet mit ihm oder ihr und den Anwesenden und spendet, wenn es gewünscht wird, die Kommunion. In diesem Sakrament zeigt sich Christus als der Heiland, der den Glaubenden in Schmerzen und Lebensgefahr nahe ist.

Laterankonzil →Konzil

Lektor/in

Das Wort kommt vom lateinischen *lector* = Leser. Lektor oder Lektorin lesen im Gottesdienst aus der Bibel vor. Dies ist ein freiwilliger Dienst, der von Mitgliedern aus der Pfarrei übernommen wird. Er zeigt, dass der Gottesdienst eine Sache der ganzen Gemeinde ist.

Lukas (Lk)

Das umfangreichste →Evangelium im →Neuen Testament und die →Apostelgeschichte entstanden um 90 n.Chr. Sie stammen von einem Schriftsteller, der seit dem 2. Jh. Lukas (Lk) genannt wird. Er verwendete Texte aus dem Evangelium nach →Markus, aus einer Spruchsammlung und solche Texte, die man in keinem anderen Evangelium findet. Lukas verstand Jesus als Heiland der Armen und Sünder. Man vermutet, dass er ein gebildeter Schriftsteller aus Antiochia im heutigen Syrien war. Seine Werke schrieb er für griechisch sprechende Heidenchristen. Sein Evangelistensymbol ist der Stier (s. S. 160), sein Gedenktag der 18. Oktober.

Märtyrer

Märtyrer (von griech. *martys* = (Blut-)Zeuge) wird ein Mensch genannt, der trotz Verfolgung an seinem Glauben festhält und sogar bereit ist, für den Glauben zu sterben. Der Begriff wird seit dem frühesten Christentum verwendet.

Markus (Mk)

Markus schrieb das älteste und kürzeste →Evangelium. Es entstand wohl um 70 n.Chr. Er hat es aus ungefähr 90 einzelnen Stücken zusammengesetzt, so wie ein Künstler aus zahlreichen Steinchen ein Mosaikbild herstellt. Markus war vermutlich ein Judenchrist aus Syrien, der sein Evangelium für griechisch sprechende Leserinnen und Leser schrieb, die Christen geworden waren. Er betont, dass das irdische Leben und Sterben von Jesus erst durch Ostern und die Auferstehung richtig zu verstehen ist. Sein Symbol ist der Löwe (s. S. 160), sein Gedenktag der 25. April.

Matthäus (Mt)

Das Buch, das im →Neuen Testament an erster Stelle steht, ist das →Evangelium nach Matthäus (Mt). Nach heutigem Kenntnisstand ist es zwischen 80 und 100 n.Chr. in gutem Griechisch geschrieben worden.
Kunstvoll sind die Taten und Wunder, die großen Reden und Gleichnisse Jesu komponiert. Dazu hat der Verfasser Stellen aus dem →Markus-Evangelium mit

anderen Quellen kombiniert, z.B. mit einer Spruchsammlung, der sogenannten Logienquelle (griech. *logos* = das Wort). Die Botschaft des Mt: Jesus hat die Weissagungen des →Alten Testaments erfüllt. Mit ihm hat das Heil für alle Völker begonnen. Wo Gottes Wille erkannt und getan wird, ist das Himmelreich nahe. Mt wird oft mit einem Engel als Evangelistensymbol dargestellt (s. S. 160). Sein Gedenktag ist der 21. September.

Medina

Medina, ehemals Yathrib, heißt „Stadt des Propheten". Es ist die Stadt, in die der Prophet →Muhammad 622 aus →Mekka floh und die sich als erste zum Islam bekannte. Für mehrere Jahre bildete Medina das Zentrum des islamischen Lebens.
Medina ist heute, nach Mekka, der bedeutendste Wallfahrtsort der →Muslime. An der Stelle von Muhammads Wohnhaus und der →Moschee, die er zum Beten besuchte, steht heute die Prophetenmoschee, in der sich die Gräber des Propheten Muhammad und der ersten Kalifen (die Nachfolger Muhammads) befinden.

Mekka

Die Stadt Mekka im Westen der arabischen Halbinsel liegt ca. 80 km vom Roten Meer entfernt. Mekka ist der Geburtsort des Propheten →Muhammad und ist eine Pilgerstadt. Zu Lebzeiten des Propheten Muhammad war sie ein bedeutender Knotenpunkt des Karawanenhandels. Hier machten Kamelkarawanen Station, die mit Gewürzen, Parfüm, Edelmetallen u.a. zu den Märkten in Syrien unterwegs waren oder durch die Wüste ostwärts zum Irak zogen. In Mekka und in der Umgebung wurde Muhammad der →Koran offenbart. Muhammad erklärte Mekka zum religiösen Zentrum des Islams und zum wichtigsten Wallfahrtsort der →Muslime vor →Medina und →Jerusalem. Jedes Jahr pilgern ca. eine Million Muslime nach Mekka und besuchen die heiligen Stätten. Das siebenmalige Umrunden der Kaaba und das Besteigen des Berges Arafat sind die Höhepunkte des Hadsch, wie die Wallfahrt auf Arabisch heißt.

Messias

Das Wort Messias kommt aus dem →Hebräischen und heißt übersetzt Gesalbter (griech. *christos*). Gesalbte waren im →Alten Testament Könige und Hohepriester. Durch die Salbung wurde auf die besondere Beziehung zu Gott hingewiesen.
Im Alten Testament ist häufig vom Messias die Rede. Mit ihm verbinden die Menschen die Hoffnung, dass Gott zum Wohl seines Volkes in die Welt eingreifen und sein Reich aufrichten wird. Zur Zeit Jesu gab es unterschiedliche Vorstellungen, wie der Messias bei seinem Kommen auftreten würde. Nach christlicher Überzeugung ist Jesus der

von Gott gesandte Messias, mit dem eine neue Zeit, das Reich Gottes, offenbar wird.

Mitarbeiter/in in der Gemeinde

Neben dem →Pfarrer und dem/der →Kirchenpfleger/in gibt es weitere hauptamtliche Mitarbeiter/innen in der Gemeinde. Gemeindereferentinnen und -referenten unterstützen den Pfarrer bei seiner Arbeit in der Pfarrgemeinde, übernehmen eigene Aufgabengebiete, z.B. die Jugendarbeit, und erteilen Religionsunterricht. Pastoralreferentinnen und -referenten haben die gleiche Ausbildung wie Priester, sind aber nicht geweiht. (→Aufbau der Gemeinde)

Mönch

(von griech. *monos* = allein) Ein Mann, der sein Leben allein Gott widmet und es in den Dienst des Glaubens stellt, wird in den älteren →Orden (z.B. Benediktiner) Mönch genannt. Sie leben oft in Klöstern, in manchen Orden aber auch allein als sogenannte Eremiten oder Asketen. Das Leben eines Mönches und sein Alltag richten sich nach der Regel des Ordens, zu dem er gehört. Gebet und Einkehr sind der wichtigste Bestandteil des mönchischen Lebens.
Beim Eintritt in ein Kloster verspricht der Mönch, enthaltsam und ohne persönlichen Besitz zu leben und gehorsam gegenüber dem Leiter des Klosters zu sein.

→Mönche beim Gebet

Bei einem Mönchsorden verpflichtet sich der Mönch, immer im selben Kloster zu bleiben. Nach einer Probezeit, dem Noviziat, legt der Mönch diese Versprechen bis zu seinem Tod ab.

Moschee

Moschee heißt „Ort der Anbetung" oder „Ort der Niederwerfung" vor Gott. Die Moschee ist das islamische Gotteshaus. Hier versammelt sich die Gemeinde nicht nur zum Gebet, sondern auch zur Rechtsprechung, zum Unterricht und zu Eheschließungen.
Jede Moschee besitzt einen Gebetssaal mit einer Nische (arab.: *Mihrab*) in der Wand, die die Gebetsrichtung (arab.: *Qibla*) nach →Mekka anzeigt. Die Wände des Gebetssaales sind kunstvoll mit religiösen Texten geschmückt. Der Innenraum

Die Merkez-→Moschee in Duisburg-Marxloh ist eine der größten Moscheen in Deutschland. Die kunstvoll verzierte Gebetsnische *(Mihrab)* zeigt die Gebetsrichtung *(Qibla)* an. Von der Kanzel *(Minbar)* hält der Imam vor dem Freitagsgebet und bei Festgebeten eine Ansprache.

ist mit Teppichen ausgelegt. Beim Gebet am Freitag hält der Gemeindevorsteher (arab.: *Imam*) eine kurze Predigt von der Kanzel (arab.: *Minbar*). Auf dem freien Platz vor der Moschee oder am Eingang befinden sich ein großes Wasserbecken oder Wasserhähne. Hier reinigen sich die Gläubigen symbolisch, bevor sie die Moschee ohne Schuhe betreten. Von außen fallen Moscheen durch ihre hohen schlanken Türme, die Minarette, auf. Unterhalb der Spitze des Minaretts befindet sich ein Rundgang, von dem aus der Gebetsrufer (arab.: *Muezzin*) fünfmal am Tag die Gläubigen zum Gebet ruft.

Mose

Mose gilt als Begründer des jüdischen Glaubens. Für die →Juden ist er eine der wichtigsten Gestalten.

Er wurde von Gott beauftragt, das Volk Israel aus der Gefangenschaft in Ägypten herauszuführen. Am Sinai schloss Gott mit Mose einen →Bund für das ganze Volk Israel.

Muhammad

Muhammad („der Gepriesene") wurde um 570 n.Chr. in →Mekka geboren und wuchs bei einem Onkel auf. Er wurde Kaufmann und heiratete die reiche Witwe Chadidscha. Bei seinen Handelsreisen lernte er die jüdische und christliche Religion kennen. 610 n.Chr. hatte er ein Offenbarungserlebnis: Der Überlieferung nach erschien ihm der Engel Gabriel und diktierte ihm die ersten Verse des →Korans. Muhammad erhielt von Gabriel den Auftrag, den Islam zu verkünden. Mit einer kleinen Gruppe von Anhängern musste er 622 von

Mekka nach →Medina fliehen, weil seine Lehren in der Stadt auf Widerstand stießen. Nach einigen kriegerischen Auseinandersetzungen gelang Muhammad die Rückkehr nach Mekka. Dort entfernte er die Götterstatuen aus der Kaaba. Der Islam gewann viele neue Anhänger und breitete sich rasch aus. Muhammad starb 632 und wurde in Medina begraben. Sein Grab ist nach Mekka die wichtigste Wallfahrtsstätte des Islams.

Für →Muslime ist Muhammad der letzte Prophet in der Reihe der biblischen Propheten und hat von Gott im Koran die letztgültige Offenbarung erhalten. Seine Worte und Handlungen, die in einigen Sammlungen aufgeschrieben und überliefert wurden, sind nach dem Koran die wichtigste Quelle des Islams. Der Lebenswandel Muhammads ist für Gläubige vorbildhaft und Maßstab für ihr eigenes Leben. Muhammad wird als Vorbild verehrt, aber nicht angebetet.

Muslim

Muslim („Gott ergebener Gläubiger") ist, wer sich zum Islam bekennt und das Glaubensbekenntnis (arab.: *Schahada*) spricht: „Ich bezeuge, dass es keine Gottheit gibt neben Gott und dass Muhammad der Gesandte Gottes ist." Einem Neugeborenen flüstert z.B. der Vater das Glaubensbekenntnis ins Ohr; dadurch wird es zum Muslim.

Neues Testament

→Altes und Neues Testament

Nonne

Frau, die wie ein →Mönch im Kloster lebt und ihr Leben Gott und dem Gebet widmet.

Ökumenisch/Ökumene

Die meisten Menschen verstehen unter Ökumene die Verständigung zwischen den christlichen Glaubensgemeinschaften.
Gottesdienste, die von evangelischen, katholischen und orthodoxen Christen gemeinsam gefeiert werden, und Aufgaben, die von Christen unterschiedlicher Konfession gemeinsam angepackt werden müssen, werden ökumenisch genannt.
Ökumene bedeutet wörtlich "die bewohnte Erde": eine ökumenische Frage betrifft also die ganze Erde, z.B. Frieden und Gerechtigkeit, →Solidarität und Umweltschutz (vgl. →Konziliarer Prozess).

Orden

Orden (von lat.: *ordo* = Regel, Stand) sind religiöse Gemeinschaften, deren Mitglieder das Versprechen abgelegt haben, gehorsam, arm und ehelos zu leben. Im Orden gilt eine gemeinsame Lebensregel, die von den →Mönchen bzw. →Nonnen befolgt werden muss. Die erste Ordensgemeinschaft im christlichen Abendland waren die Benediktiner, die von Benedikt von Nursia gegründet wurden. Deshalb orientieren sich viele der später gegründeten Orden in ihren Ordensregeln an der Regel des heiligen Benedikt. Ab dem 11. Jahrhundert gründeten sich zahlreiche Orden, die die Kirche reformieren wollten. Die sogenannten Bettelorden, z.B. die Franziskaner, wollten völlig ohne Besitz und radikal enthaltsam leben. Weil sie auch von der Kirche Armut verlangten, gerieten sie immer wieder in Streit mit dem Papst.
Es gibt Frauen- und Männerorden, Laien- und Priesterorden. Manche Orden widmen sich ausschließlich dem Gebet und einem völlig zurückgezogenen Leben hinter Klostermauern. Andere Orden haben sich karitativen und sozialen Aufgaben (z.B. die Johanniter) oder der Bildung (z.B. Maria-Ward-Schwestern, Arme Schulschwestern) verschrieben und leben im engen Kontakt mit den Menschen.

Ostern

Ostern ist das älteste und wichtigste Fest im →Kirchenjahr und wurde schon von den frühen Christen gefeiert. Das christliche Osterfest steht in enger Verbindung mit dem jüdischen →Pessachfest. Im Jahr 325 n.Chr. hat die Kirche beschlossen, dass Ostern alljährlich am Sonntag nach dem ersten Frühlingsvollmond gefeiert wird. Darum ändert sich das Datum des Osterfestes jedes Jahr. Woher der Name Ostern kommt, ist nicht geklärt. Vielleicht geht er zurück auf eine germanische Frühlingsgöttin *Ostara*. In der altenglischen Sprache ist sie als Eostrae bekannt. Darin steckt das griechische Wort *eos* (= Morgenröte). So wie die Morgenröte das Dunkel der Nacht ablöst, so vertreibt die Auferstehung Christi die Dunkelheit in den Herzen der Menschen.
In vielen Ländern Europas weist die Bezeichnung des Festes auf seinen Ursprung im jüdischen Pessachfest hin. In Italien heißt das Osterfest *pasqua,* in Frankreich *pâques*.

In der Feier der Osternacht werden Kerzen am Osterfeuer vor der Kirche entzündet. Sie erhellen die Dunkelheit (→Ostern).

Palästina

Palästina wird in der Bibel die südöstliche Küstenlandschaft des Mittelmeeres genannt. Das Gebiet gehört teilweise zum heutigen Staat Israel. Der Name Palästina stammt vermutlich von der Bezeichnung „Philisterland". Die Philister waren eine Volksgruppe, die v.a. das Küstengebiet am südöstlichen Mittelmeer besiedelte. Ihre Herrschaft war zeitweise so ausgeprägt, dass dieses Stück Land ihren Namen erhielt.

Paulus

Paulus wurde in Tarsus geboren und war der erste Missionar des Christentums, nachdem er die Christen zunächst bekämpft hatte. Er bekehrte sich zu Jesus Christus und verbreitete die Frohe Botschaft v.a. im östlichen Mittelmeerraum. Dort gründete er zahlreiche Gemeinden, mit denen er über Briefe Kontakt hielt, Glaubensfragen erläuterte, Streit schlichtete etc. Seine Briefe sind ein Teil des → Neuen Testaments.

Paulus geriet immer wieder in Konflikte mit den Juden und den römischen Herrschern, obwohl er vermutlich selbst römischer Bürger war. Er starb der Überlieferung nach um 65 n.Chr. als Märtyrer in Rom.

Pessach

Das jüdische Frühjahrsfest war früher eines der Wallfahrtsfeste, zu dem man zum Tempel nach Jerusalem zog. Das siebentägige Fest erinnert die Gläubigen an die Befreiung des Volkes Israel aus der Sklaverei in Ägypten.
Pessach ist ein Familienfest. Am Sederabend, dem ersten Abend des Festes, isst man gemeinsam ein rituelles Mahl mit symbolischen Speisen (ungesäuertes Brot, Fruchtmus, bittere Kräuter, Wein) und spricht Gebete.

Petrus

Der Name Petrus ist von dem griechischen Wort *petra* (= Fels) abgeleitet und war der Beiname des Apostels Simon, den ihm Jesus bei seiner Berufung zum Jünger gegeben hat. Er nannte ihn Fels, in aramäischer Sprache *kephas* (vgl. Joh 1,42). Im Evangelium nach Matthäus (Mt 16,17) bekommt er den Beinamen Kephas, nachdem er Jesus als Messias („Gesalbter des Herrn") bekannt hat. Aus dem ursprünglichen Beinamen wurde später der Hauptname und die Amtsbezeichnung des Apostels Petrus. Als Leiter der Urgemeinde in → Jerusalem war er der erste der Apostel. Er starb nach der Überlieferung als Märtyrer unter Kaiser Nero um 65 n.Chr. in Rom, wo über seinem Grab der Petersdom errichtet wurde. Die Päpste gelten als die Nachfolger des Apostels Petrus.

Pfarrer

Das Wort Pfarrer ist vom lateinischen *parochus* abgeleitet. Der Pfarrer ist ein → Priester, der im Auftrag des Bischofs ein bestimmtes Gebiet, die Pfarrei oder Pfarrgemeinde, leitet.

Pfarrgemeinde →Aufbau der Pfarrei

Pfingsten

Das Wort kommt aus dem Griechischen (*pentecoste*) und heißt übersetzt „fünfzigster Tag". Die Kirche feiert am fünfzigsten Tag nach Ostern Pfingsten als Fest des Heiligen Geistes. Es erinnert an die Ausgießung des Heiligen Geistes im zweiten Kapitel der → Apostelgeschichte.

Darstellungen der Apostel → Paulus und → Petrus in der Basilika St. Vitale in Ravenna

Am jüdischen Pfingstfest (schawuot) wird das Geschenk der →Tora, des Wortes Gottes als Quelle des Lebens, gefeiert. Nach jüdischer Überlieferung stieg Mose am fünfzigsten Tag nach dem Auszug aus Ägypten zum Zeltlager Israels hinab und überbrachte die Zehn Gebote (Ex 19 und 20). Im alten →Israel war Pfingsten das Dankfest für die Weizenernte. Vom Erstschnitt des Weizens wurden Brote gebacken und im Tempel von Jerusalem dargebracht.

Ein lebendiges Brauchtum zum Pfingstfest hat sich bei uns nur wenig ausgebildet. In manchen Gemeinden wird aber neuerdings der Brauch des Pfingstfeuers neu belebt. Im Feuer kann die Glut des Geistes, seine Macht zur Veränderung, zur Überwindung des Dunkels und zur Belebung des Erstarrten sinnfällig werden.

Pharao

Pharao (von ägypt. „großes Haus" oder „königliches Haus") ist der Titel des Herrschers von Ägypten. Wird in der Josefserzählung (Gen 40) der damalige Pharao noch als Gönner der umherziehenden Israeliten geschildert, so änderte sich das unter dem Pharao Ramses II., der nach der Exoduserzählung die →Israeliten versklavte und nicht freilassen wollte. Ramses II. herrschte fast 67 Jahre lang (1290–1224 v. Chr.) und wurde nach biblischer Überlieferung zum Gegenspieler des Mose (Ex 1–14). Ramses II.

ließ während seiner Regierungszeit durch unzählige Sklaven und Fremdarbeiter bedeutende Bauwerke errichten und erscheint auf Bildern immer als der „triumphierende König". In seine Regierungszeit fällt der Auszug der Israeliten aus der Knechtschaft in Ägypten. Die Überlieferungen berichten von militärischen Auseinandersetzungen zwischen Ramses und den halb ansässigen Nomaden aus dem südostpalästinischen Bergland. Unter ihnen befanden sich auch Angehörige eines Sippenverbandes mit dem Namen →„Jahwe".

Pilgerfahrt

Die Pilgerfahrt (arab.: Hadsch) nach Mekka ist eine der fünf religiösen Pflichten der →Muslime. Jeder Muslim, der gesund ist und es sich leisten kann, muss einmal in seinem Leben nach Mekka pilgern und dort die vorgeschriebenen religiösen Handlungen vollziehen. Die Hadsch findet im 12. Monat des islamischen Kalenders statt. In dieser Zeit liegt auch das Opferfest, das das höchste islamische Fest und Höhepunkt der Hadsch ist.

Neben der großen Pilgerfahrt nach Mekka gibt es auch eine kleine Pilgerfahrt (arab.: Umra), die aber nicht verpflichtend ist.

Auch die Christen kennen Pilger- oder Wallfahrten zu besonderen Orten, z.B. zu den großen Kirchen in Rom, zu den Gräbern der Apostel und Heiligen und besonders zu Marienheiligtümern.

Malerei im Tempel Abu Simbel in Ägypten: →Pharao Ramses II. nach der Schlacht, noch mit dem Bogen in der Hand. Er opfert den drei Göttern Gefangene.

Priester

Er ist Mitarbeiter des Bischofs. Zu den Aufgaben eines Priesters gehört es, die Frohe Botschaft zu verkünden, mit der Gemeinde Gottesdienst zu feiern und die →Sakramente zu spenden, für die Sorgen der Menschen stets ein offenes Ohr zu haben und tatkräftig zu helfen.

In einem feierlichen Gottesdienst wird er vom Bischof durch Handauflegung und Gebet zum Priester geweiht: Nach dieser Weihe ist ein Priester zunächst als Kaplan in einer Pfarrgemeinde tätig. Später wird er meist →Pfarrer einer eigenen Gemeinde oder einer Pfarreiengemeinschaft.

Priesterweihe →Sakramente

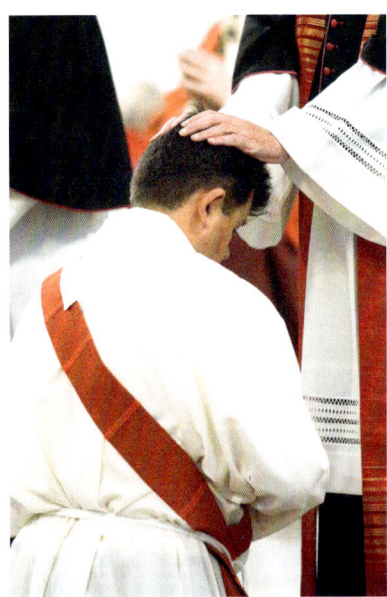

→Priester bei der Weihe, die von einem Bischof gespendet wird. Die Priesterweihe ist ein →Sakrament.

Prophet/in

Propheten verkünden in Gottes Auftrag etwas in der Öffentlichkeit, was nicht immer allen gefällt, vor allem den Mächtigen nicht. „Prophezeien" kommt aus dem Griechischen und bedeutet „offen heraus erklären, öffentlich bekannt machen". Prophetinnen und Propheten sind oft unbequeme Zeitgenossen (gewesen). Heute werden Menschen Propheten genannt, wenn sie über ein außergewöhnliches Wissen verfügen und dadurch zukünftige Ereignisse vorhersagen, d.h. etwas prophezeien können.

Propheten sehen und hören vieles, was andere übersehen, überhören oder vertuschen wollen. Ihr Pro-

König David, dem zahlreiche →Psalmen zugeschrieben werden, ist oft in Psalmenbüchern dargestellt, hier in einer Initiale zu Ps 39. Buchmalerei, 13. Jahrhundert, Frankreich

test führt häufig dazu, dass sie verfolgt werden. Deswegen leiden sie auch unter ihrer Aufgabe, bekommen Angst, zweifeln an sich selbst und fliehen manchmal vor ihrer Aufgabe, so wie z.B. Elija.

Psalmen

Psalmen sind Gebete und religiöse Lieder, in denen die Dichter und Musiker des Volkes →Israel alle Höhen und Tiefen menschlicher Gefühle zum Ausdruck brachten: seufzen, klagen, zweifeln, loben, preisen, jubeln, danken. 150 Psalmen stehen im Buch der Psalmen im →Alten Testament. Es gibt aber auch moderne Gedichte, die Psalmen nachempfunden sind.

Wie sich Menschen in Notsituationen voll Vertrauen an Gott wenden, zeigt z.B. Ps 22,17–29. Die Verse werden König David zugeschrieben:

Denn Hunde haben mich umstellt, Verbrecher umringen mich, sie lähmen mir Hände und Füße. Ich kann alle meine Knochen zählen, sie aber gaffen und sehen auf mich herab. Sie teilen meine Kleider unter sich und würfeln um mein Gewand. Aber du, Herr, sei nicht fern, meine Stärke, komm und

hilf mir. Errette meine Seele vom
Schwert, mein Leben vor den
Hunden.
Hilf mir aus dem Rachen des
Löwen und vor den Hörnern wilder
Stiere.
Ich will deinen Namen allen ver-
künden, inmitten der Gemeinde
dich loben.
Rühmt den Herrn …
Denn er hat mich nicht verachtet,
… er hat auf mein Schreien gehört.

Ramadan

Ramadan ist der Name des neunten Monats im islamischen Kalender. →Muslime glauben, dass in
diesem Monat die Offenbarung
des →Korans durch den Engel
Gabriel begann. Es gehört für
gläubige Muslime zu den fünf religiösen Pflichten, im Ramadan zu
fasten. Von Sonnenaufgang bis
-untergang essen und trinken sie
nicht. Schwangere, alte und kranke
Menschen und Kinder sind von
dieser Pflicht ausgenommen.
Ebenso Menschen auf Reisen oder
mit Berufen, die stets volle Kon-
zentration erfordern (Arzt, Pilot
o.Ä.). Der Ramadan ist auch eine
Zeit der Besinnung, des Gebets
und der Reinigung von Sünden.

Reich Gottes

„Reich Gottes" bedeutet, dass Gott
seine „Herrschaft über die Welt
aufgerichtet hat" – wie die Bibel
sagt. Der Ausdruck besagt nicht,
dass Gott einen Staat oder ein Gebiet auf der Erde hätte, sondern
dass der Bereich Gottes in dieser

Welt schon angefangen hat und in
Gottes Ewigkeit vollendet wird.
Die →Propheten im →Alten Testa-
ment haben verkündet, dass Gott
der wahre König Israels ist. Seine
Herrschaft wird die ganze Welt
zum Guten verändern. Denn wenn
Gott regiert, hört alle Ungerechtigkeit auf. Im Reich Gottes herrschen Gerechtigkeit, Friede und
Barmherzigkeit.
Die Verkündigung vom Reich
Gottes war Mittelpunkt der frohen
Botschaft Jesu. Er verkündete: Das
Reich Gottes ist nahe (Mk 1,14–15).
Jesus heilte Kranke, vergab Sünden, segnete Kinder und Erwachsene und wendete sich besonders
den Armen zu.
Die Menschen, die an Jesus glauben, erfahren schon jetzt: Gott
schenkt uns Leben. Nach den Worten Jesu wird Gott selbst am Ende

alles vollenden, was die Menschen
Gutes begonnen, was sie im Auftrag und in der Nachfolge Jesu
angefangen haben.
Dann wird alles gut. Deshalb beten die Christen im Vaterunser:
„Dein Reich komme."

Sabbat

Das Wort Sabbat bezeichnet den
wöchentlichen Ruhetag der Jüdinnen und →Juden. Er beginnt am
Freitag mit dem Sonnenuntergang
und endet am Samstag mit dem
Sonnenuntergang. Die Hausfrau
begrüßt den Sabbat mit einem Segen, den sie im Kreise der Familie
über dem Sabbatleuchter spricht.
Anfangs war der Sabbat nur ein
Ruhetag. Die Juden und Jüdinnen,
aber auch andersgläubige Menschen
sowie Knechte und Mägde, sogar das
Vieh sollten ausruhen und sich

Eine jüdische Familie hat sich am Abend des Sabbat versammelt. Der Vater spricht
den Segen über Wein und Brot *(Kiddusch)*.

Das →Sakrament der →Taufe können nicht nur Säuglinge empfangen (s. S. 123), sondern auch Kinder und Erwachsene.

Bei der Feier der ersten heiligen Kommunion.

Der Bischof spendet die Firmung.

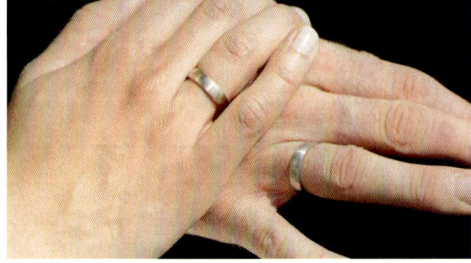

Der Ring der Eheleute symbolisiert ihre Verbundenheit und Treue.

erholen. Im Laufe der Zeit wurde aus dem Ruhetag ein Festtag. Zur Zeit des Babylonischen Exils brachte man den Sabbat in Verbindung mit der Schöpfungsgeschichte: Nachdem Gott die Welt erschaffen hatte, ruhte er am siebten Tag. So sollten auch die Jüdinnen und Juden Zeit haben, miteinander zu essen und zu feiern, sich an die Geschichte ihres Volkes mit Gott zu erinnern und für die Fürsorge Gottes zu danken. Um dafür wirklich frei zu sein, wird das Essen am vorhergehenden Tag zubereitet und jeder Weg verboten, der länger als ein Kilometer ist.

Im →Neuen Testament lehrt der Jude Jesus, dass das Liebesgebot über dem Sabbatgebot steht. Die Christen haben den freien Tag vom Judentum übernommen, aber auf den Sonntag verlegt. An ihm feiern sie die Auferstehung Jesu.

Sakrament

In Sakramenten (lat. Eid, Geheimnis, Gnadenwirkung) wird durch ein äußeres Zeichen (z.B. Übergießen mit Wasser, Handauflegung, Salbung) und die entsprechenden Worte die Zuwendung (Gnade) Gottes für den Menschen sichtbar und unzerstörbar.

Der Spender eines Sakraments ist ein Priester oder ein Bischof, das Sakrament der Ehe spenden sich die Eheleute gegenseitig.

Alle Sakramente gehen auf Jesus zurück. Denn durch Jesus Christus selbst zeigt sich Gott den Menschen am allernächsten. Deshalb ist er das Ur-Sakrament, in dem „die Güte und Menschenliebe Gottes, unseres Retters, erschien" (Tit 3,4). Weil die Kirche das Werk Jesu Christi weiterführt, wird sie als Grundsakrament bezeichnet. Sie ist Zeichen der Nähe Gottes vom Anfang bis zum Ende des menschlichen Lebens. Die Anzahl der sieben Sakramente (Taufe, Firmung, Priesterweihe, Ehe, Eucharistie, Versöhnung, Krankensalbung) verdeutlicht symbolisch die Vollkommenheit, die sich auf Gottes Hilfsangebot und auf unser ganzes Leben bezieht. Gleichzeitig zeigen Menschen ihren Glauben, indem sie in bestimmten Situationen Zeichen setzen, die helfen, Gottes Gnade mit allen Sinnen zu erspüren. Sakramente sind Ausdrucksformen für die Verbindung zwischen Gott und den Menschen.

Solidarität

Solidarität ist ein Gefühl der Verbundenheit, zu dem auch das aktive Handeln gehört. Menschen,

Auf dem Weltsozialforum in Brasilien traten viele Menschen für →Solidarität ein.

die solidarisch sind, halten zusammen, nehmen Anteil am Leben und Schicksal des anderen. Wenn Unrecht geschieht, wenn Menschen in eine Notlage geraten, helfen die Stärkeren den Schwächeren. Solidarität gibt es zwischen Freunden, aber auch weltweit zwischen Menschen, die sich gar nicht kennen.

Sonntag

Schon in der frühen Kirche hat sich der erste Tag der Woche als Fest der Auferstehung Christi durchgesetzt. An diesem „Tag des Herrn" wurde das Herrenmahl (→Eucharistie) gefeiert. Daran erinnern bis heute die Namen dieses Tages in unseren Nachbarländern (ital. *domenica*; frz. *dimanche*; span. *domingo*). Für Christen ist der Sonntag der erste Tag der Woche, weil nach Gen 1,3 am ersten Tag der Schöpfung das Licht geschaffen wurde. Damit gaben die Christen im Römischen Reich dem Geburtsfest des „unbesiegten Sonnengottes" eine religiöse Bedeutung. Das führte sogar zu dem Missverständnis, die Christen seien Sonnenanbeter. Durch Kaiser Konstantin den Großen wurde 321 der Sonntag zum Ruhetag erklärt.

Heute muss der Sonntag immer wieder von den Christen als ein Tag der Freude und der Muße verteidigt werden (z.B. der arbeitsfreie Sonntag). Seit einigen Jahren wurde in Kalendern und Fahrplänen der Sonntag als letzter Tag der Woche festgelegt. Er wurde damit zum Teil des Wochenendes. Das steht im Widerspruch zur Idee, dass das Fest der Erlösung am Anfang steht.

Die Christen wollten damit zeigen: Mit der Liebe Gottes kann die Woche gut beginnen. Das Leben besteht nicht nur aus Arbeit; es gibt Wichtigeres. Einmal in der Woche soll Zeit sein, sich daran zu erinnern und dafür zu danken.

Sure

→Koran

Symbole

Symbole sind Zeichen, die eine tiefere Wirklichkeit zum Ausdruck bringen. Symbole machen deutlich: Da ist mehr, als wir messen, zählen oder wiegen können. Flaggen stellen z.B. die Zusammengehörigkeit von Menschen eines Landes dar, Eheringe zeigen, dass zwei Menschen miteinander verheiratet sind, und eine Taube gilt als Symbol des Heiligen Geistes oder des Friedens. Vor allem im religiösen Bereich, wo es um Dinge geht, die man nicht sehen kann, sind Menschen auf Symbole angewiesen. Das Kreuz erinnert an Christi Tod und Auferstehung. Aber auch Worte und Gesten können Symbole sein. Wenn in der Bibel von Gott gesagt wird: „Er weidet mich auf grüner Aue", dann bedeutet das: Gott kümmert sich um mich.

Wer das Zeichen kennt, weiß auch ohne Worte, was das Symbol bedeutet. Die ersten Christen benutzten u.a. einen Fisch als Geheimzeichen, um sich gegenseitig zu erkennen zu geben.

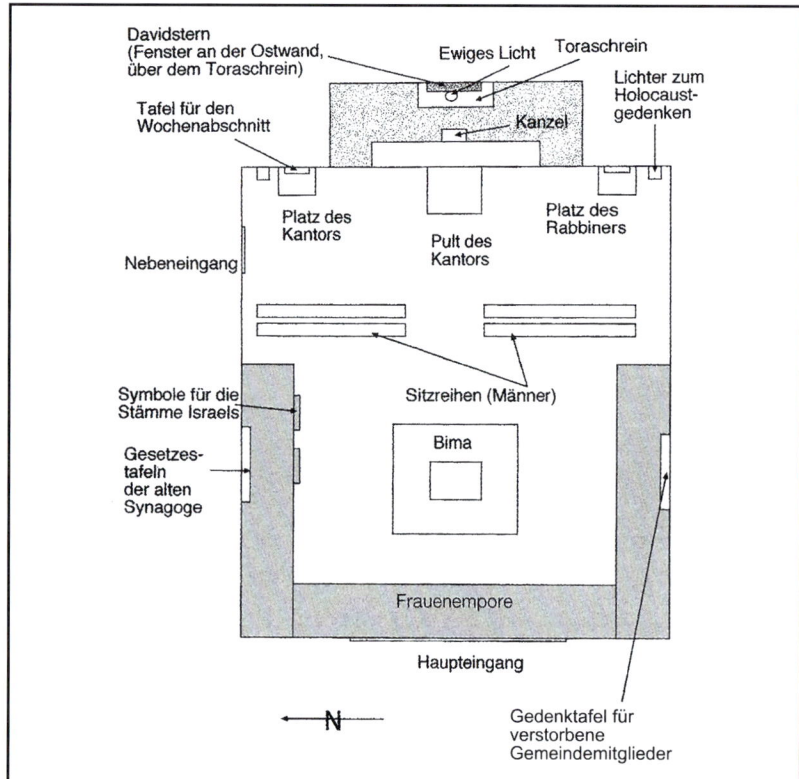

Davidstern
(Fenster an der Ostwand,
über dem Toraschrein)
Ewiges Licht
Toraschrein
Lichter zum
Holocaust-
gedenken
Tafel für den
Wochenabschnitt
Kanzel
Platz des
Kantors
Platz des
Rabbiners
Pult des
Kantors
Nebeneingang
Symbole für die
Stämme Israels
Sitzreihen (Männer)
Gesetzes-
tafeln
der alten
Synagoge
Bima
Frauenempore
Haupteingang
N
Gedenktafel für
verstorbene
Gemeindemitglieder

Grundriss der neuen →Synagoge in Stuttgart.

Synagoge

Die Synagoge ist ein Raum zum Gebet, zum Lernen der Tora und zur Versammlung (Opfer wurden nur im Tempel dargebracht). Jede größere jüdische Gemeinde auf der Welt besitzt solch einen Versammlungsraum.

In Deutschland wurden von 1933 bis 1945 Jüdinnen und Juden durch die damaligen nationalsozialistischen Machthaber und deren Gefolgsleute verfolgt und ermordet (Shoah). In der Nach vom 9. zum 10. November 1938 wurden die meisten Synagogen in Brand gesteckt. Darum sind heute die meis-ten Synagogen in Deutschland aus der Zeit nach dem Zweiten Weltkrieg.

Taufe

Taufe ist das Fest der Aufnahme in die Gemeinschaft der Christen und ein →Sakrament der Kirche. Die Familie kommt mit Verwandten und Freunden in der Kirche zusammen. Wenn ein Kind getauft wird, versprechen die Eltern: Ja, wir wollen die Taufe für unser Kind. Es wird deutlich: Dieser Mensch gehört zur Gemeinschaft der Kirche. Es wird sichtbar: Gott nimmt ihn an. Warmes Wasser fließt über den Kopf. Gott im Überfluss. Das Neu-Werden in der Taufe wurde früher mit dem ganzen Körper ausgedrückt: Der erwachsene Täufling stand in einem großen Wasserbecken und wurde gänzlich mit Wasser übergossen.

Teresa von Avila

Teresa von Avila war eine spanische →Nonne und Ordensgründerin, die viele Bücher über ihre Erfahrungen mit Gott geschrieben hat. Die katholische Kirche verehrt sie als Kirchenlehrerin. Ihre Schriften werden heute noch gelesen. Sie wurde 1515 geboren und erneuerte 1535 den Orden der Karmeliterinnen.

→Teresa von Avila

Thekla

Über Thekla, die in der Kirche als Heilige verehrt wird, steht zwar nichts in den Evangelien, auch nicht in den Paulusbriefen, aber in einer Paulus-Erzählung, die im 2. Jahrhundert entstanden ist. Demnach hätte Thekla eine ganz besondere Stellung bei Paulus. Sie war ihm gefolgt und hat mit ihm das Evangelium verkündet. Darüber berichtet eine sehr alte Schrift aus dem 2. Jh. Sie trägt den Titel „Thekla-Akten" und war auch bei den frühen Kirchenschriftstellern bekannt. Das zeigt, dass von Anfang an Frauen an der Ausbreitung des Christentums beteiligt waren. In der syrischen Ortschaft Maalula befindet sich das Kloster mit dem Grab der heiligen Thekla, das bis heute ein wichtiger Wallfahrtsort für die Christen im Nahen Osten ist. Die ersten Gebäude des Klosters wurden bereits im 1. Jahrhundert errichtet, also in der Zeit des Neuen Testaments. Im Jahr 2013 haben Terroristen das Kloster zerstört und die Christen dort entweder getötet, entführt oder vertrieben.

Tora

Im Judentum ist Tora der Name der Buchrolle, die in einer besonderen Nische oder einem Schrein in der →Synagoge aufbewahrt wird. Die Tora enthält die ersten fünf Bücher der →Bibel. Aus ihnen wird in den Gottesdiensten am →Sabbat vorgelesen. Es ist eine Ehre, wenn jemand aufgerufen wird, daraus zu lesen. Als Zeichen der Ehrfurcht wird die Tora beim Lesen nicht berührt. Man verwendet einen Zeigestab, um während des Lesens nicht in der Zeile zu verrutschen. Auch Jesus hat in der Synagoge aus der Tora vorgelesen (vgl. Lk 4,16f.).

Urchristen

Diejenigen Christen, die entweder Jesus noch gekannt haben oder unmittelbar nach der Auferstehung Jesu Christen geworden sind, bezeichnet man als Urchristen. Mit ihnen gewinnt die junge Kirche ihre Form, die im Wesentlichen bis heute besteht. In der →Apostelgeschichte sowie in den Briefen des →Paulus und der übrigen Apostel erfahren wir etwas über ihren Glauben und ihr Zusammenleben.

Versöhnung →Sakramente

Ein Pilger auf dem Weltjugendtag in Toronto empfängt das →Sakrament der Versöhnung

Wunder

Als Wunder bezeichnet man ein Ereignis, das gegen die heute bekannten Gesetze der Natur und Medizin verstößt.
Oft spricht man aber auch dann von einem Wunder, wenn man Staunen, Überraschung oder Freude über ein unerwartetes (aber durchaus erklärbares) Ereignis ausdrücken will. Besonders gerne sprechen Menschen von Wundern, wenn sie z.B. unverletzt bei einem schweren Unfall davongekommen sind. Als Wunder im biblischen Sinn versteht man ein (auch durchaus erklärbares) Ereignis, das von den Gläubigen als Tat und Eingreifen Gottes verstanden wird. Das Wunder ist in diesem Fall nicht das, was geschehen ist, sondern Gott oder Jesus selbst, der den Menschen auf außergewöhnliche Art und Weise hilft und sie rettet. Die Wundererzählungen in den →Evangelien dürfen daher nicht naturwissenschaftlich verstanden werden. Sie sind vielmehr Glaubensgeschichten von Menschen, die alles von Jesus erwarten und ihm ganz und gar vertrauen.

Zöllner

Der Beruf des Zöllners hatte zur Zeit Jesu einen schlechten Ruf. Zöllner galten als Sünder, weil sie oft willkürlich hohe Zölle festlegten und damit ihre Landsleute schädigten. Außerdem arbeiteten sie eng mit den Römern zusammen, die den →Juden als Besatzungsmacht verhasst waren. Durch den Umgang mit den Romern wurden die Zöllner „unrein". Mit „Unreinen" aber durften fromme Juden nicht in Berührung kommen. Dass Jesus mit den Zöllnern Gemeinschaft pflegte (Mk 2,15) und einige von ihnen sogar in seine Nachfolge rief, erregte bei vielen gesetzestreuen Juden Anstoß.

Künstler- und Autorenlexikon

Altmeppen, Heiner (*1951),
deutscher Maler und Grafiker, malt Gegenstände und
Orte möglichst genau ab, so als würde er sie fotografieren
(*Fotorealismus*). Er versucht dabei, Erinnerungen, Stimmungen und Gefühle im Bild spürbar zu machen. So wird
das scheinbar Alltägliche zum Kunstwerk.
Norddeutsche Landschaft, 1980–81, Acryl auf Holz,
150 × 200 cm →S. 23

Berg, Werner (1904–1981),
geboren in Wuppertal, begann 1927 eine Ausbildung an
der Wiener Kunstakademie. Berg sehnte sich nach einem
einfachen, sinnerfüllten Leben. Er kaufte einen Bauernhof
in Kärnten, auf dem er sich über dem Schafstall ein Atelier einrichtete, um neben der harten Arbeit als Bauer zu
malen. Menschen und Landschaft in Kärnten sind die
Motive seiner Werke. Während der Zeit des National-
sozialismus wurde er mit einem Malverbot belegt.
Vor der Auferstehung, 1965, Öl auf Leinwand, 55 × 75 cm
→S. 53

Boyne, John (*1971),
irischer Schriftsteller und Autor von Jugendbüchern, Ro-
manen und Kurzgeschichten. Bekannt wurde er mit dem
Jugendroman *Der Junge im gestreiften Pyjama*. →S. 16

Buonarroti, Michelangelo (1475–1564),
geboren in Arezzo, kam schon als 15-Jähriger nach Flo-
renz an den Hof des kunstsinnigen Fürsten von Medici. Er
lernte Bildhauerei, Malerei und Architektur. Von Papst
Julius II. erhielt er den Auftrag für die Gestaltung der
Decke der Sixtinischen Kapelle im Vatikan.
Die Erschaffung Evas, um 1510, Fresko, 170 × 260 cm
→S. 19

Chagall, Marc (1887–1985),
geboren in Witebsk in Weißrussland, wuchs in einer
frommen, jüdischen Familie auf. 1910 zog er nach Frankreich um. Seine Themen sind v.a. biblische Motive und
die Welt des Zirkus. Die Bilder sind geprägt von seiner
jüdischen Herkunft und der russischen Volkskunst.
Mose vor dem brennenden Dornbusch, 1966, Lithografie →S. 44

Cranach, Lucas, der Ältere (1472–1553),
geboren in Kronach, erhielt schon im Elternhaus eine
künstlerische Ausbildung. Er war Hofmaler am Hof des
sächsischen Kurfürsten und malte Porträts, Altarbilder
und biblische Szenen. Cranach war einer der bedeutends-
ten Maler und Grafiker der Renaissance.
Das Paradies, 1530, Öl auf Lindenholz, 81 × 114 cm →S. 28

Dürer, Albrecht (1471–1528),
geboren in Nürnberg, war ein Maler am Übergang von
der Gotik zur Kunst der Renaissance. Er bereiste Italien
und die Niederlande und lernte von den dortigen Künstlern. Sein Werk ist sehr umfangreich und umfasst Gemäl-
de, Zeichnungen und Kupferstiche, aber auch theoretische
Schriften, z.B. über die Perspektive.
Selbstporträt mit 13 Jahren, 1484, Silberstift auf weiß
grundiertem Papier, 27,5 × 19,6 cm →S. 11

Fra Bartolommeo (1472–1517),
lebte in Florenz, wo er eine Ausbildung als Maler erhielt.
Er war Anhänger des Mönches und Bußpredigers Girolamo
Savonarola, der mit seiner Kritik am Lebenswandel des
Adels und der Geistlichen Aufsehen erregte. Als Savona-
rola als Ketzer verbrannt wurde, trat er in ein Kloster ein.
Er gilt als Vertreter der sogenannten florentinischen Schule.
**Gott erscheint den heiligen Magdalena und Katharina
von Siena,** 1509, Öl auf Leinwand, 360 × 264 cm →S. 50

Friedrich, Caspar David (1774–1840),
einer der wichtigsten Vertreter der Malerei der deutschen
Romantik, ist bekannt für stimmungsvolle, melancholi-
sche Landschaftsgemälde. Seine Werke sind reich an Sym-
bolen und Metaphern und stellen oft die Beziehung des
Menschen zur Natur und damit zum Göttlichen dar.
Ostermorgen, um 1835, Öl auf Leinwand, 43,7 × 34,4 cm
→S. 131

Gauguin, Paul (1848–1903),
geboren in Paris, war Seemann und Börsenmakler, bevor
er in Paris Künstler kennenlernte und selbst zu malen
begann. Er unternahm mehrere Reisen in die Südsee.
Kultur und Farben dort beeinflussten stark seine Malerei.
1895 siedelte er nach Tahiti um und lebte dort bis zu seinem Tod.
Das Gespräch, 1891, Öl auf Leinwand, 89 × 125 cm →S. 76

Geiger, Rupprecht (1908–2009),
studierte Architektur. Nach dem Zweiten Weltkrieg war er Gründungsmitglied der Münchener Künstlergruppe ZEN 49. Nebenher machte er sich einen Namen als Maler der sogenannten Gegenstandslosen Kunst, deren bedeutendster Vertreter er war. Besonderen Wert maß er den Farben und den geometrischen Grundformen bei.
638/72, 1972, Öl auf Leinwand, 200 × 205 cm →S. 37
Der rote Punkt, 1971/1996 →S. 121

Gernhardt, Robert (1937–2006),
deutscher Maler, Karikaturist und Schriftsteller, geboren in Estland, studierte Malerei in Stuttgart und Berlin und war u.a. als Redakteur einer Satirezeitschrift tätig. Seit den 1980er-Jahren verfasste er Gedichte. →S. 15

Gogh, Vincent van (1853–1890)
machte eine Lehre in der Kunsthandlung seines Onkels. Dort entstand der Wunsch, Maler zu werden. Ab 1885 lebte er bei seinem Bruder Theo in Paris. 1888 zog er nach Arles in Südfrankreich und malte in der freien Natur Bilder in leuchtenden Farben. Zuletzt lebte und arbeitete er in einem Haus für seelisch kranke Menschen.
Sämann bei untergehender Sonne. Arles, 1888, Öl auf Leinwand, 64 × 80,5 cm →S. 89

Hölzel, Adolf (1853–1934),
studierte in Wien und München Malerei. Er gehörte zu den Künstlervereinigungen Münchener und Wiener Secession. Hölzel unterrichtete an der Staatlichen Akademie für Bildende Künste in Stuttgart. Er malte abstrakte Kompositionen genauso wie religiöse Themen.
Anbetung, 1912, Öl auf Leinwand, 85 × 67 cm →S. 130

Jochims, Raimer (*1935),
deutscher Maler und Philosoph, lehrt in Karlsruhe und München an der Kunstakademie. Zentrales Thema seines Werkes ist die Identität. Er versucht, mit Farben und Formen den unterschiedlichen Auffassungen von Identität auf die Spur zu kommen.
Kreuzblüte, 1983 →S. 95

Kaléko, Mascha (1907–1975),
war eine deutschsprachige Dichterin, deren frühe Gedichte zur sogenannten Neuen Sachlichkeit gezählt werden. Ende der 20er-Jahre kam sie mit Berliner Künstlern in Kontakt und veröffentlichte erste Gedichte, schrieb für Radio und Kabarett. Wegen ihrer jüdischen Herkunft

ging sie 1938 ins Exil in die USA. Dort arbeitete sie als Werbetexterin, um die Familie zu ernähren. 1960 wanderte sie nach Jerusalem aus. →S. 15

Kandinsky, Wassily (1866–1944),
geboren in Russland, siedelte 1896 nach München um und studierte Malerei. Mit Franz Marc begründete er die Künstlergruppe „Der blaue Reiter", zu der viele namhafte expressionistische Künstler gehörten. Kandinsky wandte sich der abstrakten Malerei zu. Wichtigste Bestandteile seiner Werke sind Farben und Linien.
Schlafzimmer in der Ainmillerstraße, 1909, Öl auf Pappe, 48,7 × 69,4 cm →S. 14

Kent, Corita (1918–1986),
ehemalige katholische Ordensschwester, war Kunstlehrerin in Los Angeles und Künstlerin. Sie vereint in ihren Werken, die zur sogenannten Pop-Art zu rechnen sind, die Sprache der Werbung und Pop-Kultur mit religiösen und philosophischen Gedanken. Mit ihrer Kunst wandte sie sich gegen Gewalt und soziale Ungerechtigkeit.
Powerup und Life Magazine aufgebaut am Altar, etwa 1966, Installation →S. 133

Lux, Loretta (*1969),
deutsche Malerin und Fotokünstlerin, siedelte kurz vor dem Fall der Mauer von Dresden nach München über. Dort studierte sie Malerei und Grafik. Lux verbindet die Mittel der Malerei, Fotografie und digitalen Bildbearbeitung. Ihre Porträts wirken oft unwirklich und geheimnisvoll.
Maria 1, 2001, Fotografie, 30 × 30 cm →S. 11

Marti, Kurt (1921–2017),
evangelischer Pfarrer, hat sich v.a. als Autor von engagierten und kritischen Gedichten und Predigten einen Namen gemacht. →S. 80, 123

Miró, Joan (1893–1983),
spanischer Maler, begann schon als Kind zu zeichnen, musste aber auf Wunsch des Vaters eine kaufmännische Ausbildung aufnehmen, bevor er ab 1912 Kunst studieren durfte. Seine Bilder ohne räumliche oder gegenständliche Bezüge sind geprägt von abstrakten Zeichen und Farben. Neben der Malerei schuf er ein umfangreiches grafisches Werk, Keramiken und Skulpturen.
Mai 1968, 1973, Acryl und Öl auf Leinwand, 200 × 200 cm →S. 65

Oosterhuis, Huub (*1933)
ist ein niederländischer Dichter und Theologe. Er schrieb zahlreiche spirituelle Texte und Lieder, von denen einige in das Gotteslob aufgenommen wurden. →S. 81

Rembrandt (1606–1669),
eigentlich Rembrandt Harmenszoon van Rijn, geboren in Leiden, absolvierte eine Lehre als Maler und eröffnete 1625 ein eigenes Atelier. Er arbeitete auch als Zeichner und Druckgrafiker und bildete selbst Maler aus. Er malte v.a. Porträts, Landschaften und biblische oder mythologische Motive und war zu seinen Lebzeiten ein gefeierter Künstler. Nach zahlreichen Schicksalsschlägen und finanziellen Problemen lebte er in ärmlichen Verhältnissen.
Christuskopf, um 1655, Öl auf Holz, 25 × 21,6 cm →S. 96

Saint-Exupéry, Antoine de (1900–1944),
französischer Pilot, war ein Journalist und Autor. Sein heute bekanntestes Buch ist die Erzählung *Der kleine Prinz.* Er diente während des Zweiten Weltkrieges als Pilot und verschwand während eines Aufklärungsfluges über dem Mittelmeer mit seinem Flugzeug. Überreste der Maschine und ein Armband von Saint-Exupéry fand man erst über 50 Jahre später. →S. 129

Sattler, Franz (*1952),
geboren in Österreich, entschied sich nach einer kaufmännischen Lehre für den Beruf des Fotografen. Seine Fotografien wurden bereits in zahlreichen Ausstellungen gezeigt.
Yellow – Magenta – Cyan, 2011 →S. 50

Schnurre, Wolfdietrich (1920–1989)
war Mitbegründer der „Gruppe 47". Er verfasste Romane, Gedichte, Hörspiele und Kinderbücher. Seine Kurzgeschichte „Das Begräbnis", die den Verlust des Glaubens thematisiert, ist ein Beispiel für die sogenannte Trümmerliteratur nach dem zweiten Weltkrieg. →S. 64

Schult, HA (*1939),
deutscher Aktionskünstler, beschäftigt sich in seinen Arbeiten u.a. mit Konsum und Ökologie.
Trash people, 2014, Installation in Tel Aviv →S. 35

Steinwede, Dietrich (*1930),
ist Religionspädagoge, Lyriker und Autor vieler Bücher zu religiösen Themen. →S. 33

Stefano da Verona (1374–ca. 1450),
war ein italienischer Maler und Hauptvertreter der gotischen Malerei am Übergang zur Renaissance. Sein Werk zeichnet sich v.a. durch die Überwindung der Strenge und Starrheit in der Darstellung von Menschen aus.
Ohne Titel, um 1430, Tinte auf Papier, 23,2 × 21 cm →S. 49

Willms, Wilhelm (1930–2002),
war katholischer Priester, Lyriker und Texter von Neuen Geistlichen Liedern. Von ihm stammen die Texte zahlreicher bekannter Lieder wie *Alle Knospen springen auf* und *Der Himmel geht über allen auf.* →S. 92

Wolf, Michael (*1954),
deutscher Fotograf, arbeitete als Fotoreporter u.a. lange Jahre in China. Das Leben in Städten ist das Hauptthema seiner Fotos: die Faszination und gleichzeitig das Abstoßende der Megacities, die qualvolle Enge, die Armut, aber auch die Würde der Bewohner.
Architecture of Density, a119, 2012, Fotografie → S. 9

Zacharias, Thomas (*1930),
unterrichtete lange Jahre an der Akademie der bildenden Künste in München. Mit den Farbholzschnitten und Radierungen zur Bibel stellt er den Geschichten der Bibel Bilder mit einer eigenen Bedeutung zur Seite und bewirkt so neue Betrachtungsweisen.
Die Herausführung aus Ägypten, 1967, Farbholzschnitt →S. 70
Gang nach Emmaus, 1967, Farbholzschnitt →S. 73

Zimmer, Bernd (*1948),
sammelt auf Reisen, z.B. nach Asien, Russland oder in die Sahara, Eindrücke und Erlebnisse, die er später in Bilder überträgt. Er versucht, Empfindungen und Beobachtungen darzustellen, sodass der Betrachter sie nachempfinden kann.
Gelbe Düne, 2002, Acryl auf Leinwand, 120 × 100 cm →S. 111

Biblische *Zitate* und Verweise

Kompetenzen

Inhaltsfeld 1: Menschsein in Freiheit und Verantwortung
Inhaltlicher Schwerpunkt: Der Mensch als Geschöpf Gottes und Mitgestalter der Welt

Die Schülerinnen und Schüler können

• aufzeigen, dass jeder Mensch eine einzigartige und unverwechselbare Persönlichkeit ist, die auf umfassende Gemeinschaft angewiesen ist,	Kapitel 1, S. 14–17
• die Bedeutung der christlichen Überzeugung erklären, dass der Mensch von Gott geschaffen, geliebt und zur verantwortlichen Mitgestaltung der Welt und Gemeinschaft berufen ist,	Kapitel 1, S. 18, 20 Kapitel 2, S. 32f.
• mit Beispielen beschreiben, wodurch das Gelingen menschlichen Lebens beim Einzelnen wie auch in der Gemeinschaft gefährdet oder gefördert wird,	Kapitel 1, S. 15, 21
• an Beispielen die Fülle der Schöpfung aufzeigen und wie sie durch das Handeln der Menschen gefährdet wird, aber auch geschützt werden kann,	Kapitel 1, S. 18f. Kapitel 2, S. 26–29, 34f.
• vor dem Hintergrund der Schöpfung und des Geschenks des Lebens menschliche Verhaltensweisen beurteilen, auch im Sinne der Genderdimension,	Kapitel 1, S. 12f., 18
• vielfältige Formen des Zusammenlebens erkennen und sie vor dem Hintergrund der Gleichheit aller Menschen vor Gott in den Schöpfungserzählungen bewerten,	Kapitel 1, S. 10f., 17
• ökologisches Engagement im Hinblick darauf bewerten, wie Menschen Verantwortung für den Erhalt und die lebensfördernde Gestaltung der Schöpfung übernehmen,	Kapitel 2, S. 26f., 30, 36
• soziales Engagement im Hinblick darauf bewerten, wie Menschen Verantwortung für den Aufbau und den Zusammenhalt der Gemeinschaft übernehmen.	Kapitel 1, S. 21 Kapitel 2, S. 31, 34

Inhaltsfeld 2: Sprechen von und mit Gott
Inhaltliche Schwerpunkte: Bildliches Sprechen von Gott und Gebet als „sprechender Glaube"

Die Schülerinnen und Schüler können

• Gott in (u.a. biblischen) Bildern und Symbolen beschreiben,	Kapitel 3, S. 38f., 48–51
• Bildworte von Gott und seine biblischen Namen deuten,	Kapitel 3, S. 44f.
• Möglichkeiten und Schwierigkeiten beschreiben, Gott darzustellen,	Kapitel 3, S. 40f.
• Situationen beschreiben, in denen sich Menschen an Gott wenden,	Kapitel 2, S. 33 Kapitel 4, S. 56f. Kapitel 5, S. 62f. Kapitel 10, S. 148

• biblische Texte als Ausdruck menschlicher Erfahrung im Glauben an Gott deuten,	Kapitel 3, S. 42f.
• anhand von ausgewählten bildlichen Darstellungen den Ausdruck des Glaubens an die Dreifaltigkeit beschreiben,	Kapitel 3, S. 46f.
• bewerten, inwiefern Gebete und Rituale eine Möglichkeit sind, mit Gott in Kontakt zu treten,	Kapitel 4, S. 54, 56f.
• bewerten, inwiefern Vorbilder (u.a. Heilige) Orientierungshilfen für ein Leben mit Gott sein können.	Kapitel 4, S. 58, 60f.

Inhaltsfeld 3: Bibel als „Ur-kunde" des Glaubens an Gott
Inhaltlicher Schwerpunkt: Bibel – Aufbau, Inhalte, Gestalten

Die Schülerinnen und Schüler können

• erklären, inwiefern die biblischen Erzählungen Erfahrungen ausdrücken, die Menschen mit Gott gemacht haben,	Kapitel 5, S. 70–73, 77
• exemplarisch Glaubensgeschichten des Alten und Neuen Testamentes wiedergeben,	Kapitel 5, S. 70f.
• erläutern, inwiefern das Volk Israel seine Glaubenserfahrungen in biblischen Geschichten erzählt,	Kapitel 5, S. 74f.
• an Beispielen die Bedeutung der Bibel im Leben der Kirche nachweisen (u.a. im Gottesdienst),	Kapitel 5, S. 66, 69, 72, 77
• begründen, warum die Bibel für die Christen als „Heilige Schrift" eine besondere Bedeutung hat,	Kapitel 5, S. 74f.
• ansatzweise die Relevanz biblischer Glaubenserzählungen für Menschen heute beurteilen, indem sie auch Beispiele gegenwärtigen menschlichen Verhaltens mithilfe ausgewählter biblischer Erzählungen beurteilen,	Kapitel 5, S. 78 Kapitel 7, S. 102
• vielfältige Formen des Zusammenlebens erkennen und sie vor dem Hintergrund der Gleichheit aller Menschen vor Gott bewerten.	Kapitel 5, S. 76

Inhaltsfeld 4: Jesus der Christus
Inhaltlicher Schwerpunkt: Die Botschaft Jesu in seiner Zeit und Umwelt

Die Schülerinnen und Schüler können

- Jesus von Nazareth in seine Zeit und Umwelt einordnen und über sein Heimatland Israel Auskunft geben,

  Kapitel 6, S. 80–83

- Merkmale benennen, die die Zugehörigkeit Jesu zum Judentum verdeutlichen,

  Kapitel 6, S. 84f.

- an Erzählungen des Neuen Testaments aufzeigen, wie Jesus gelebt und wie er die Botschaft vom Reich Gottes verkündet hat,

  Kapitel 6, S. 82, 86f.
  Kapitel 7, S. 99

- anhand biblischer Erzählungen erläutern, wie Jesus sich benachteiligten Menschen beispielhaft zugewendet hat,

  Kapitel 6, S. 80, 91

- in Ansätzen die Konflikte beschreiben, die die Worte und Taten Jesu bei den Menschen seiner Zeit auslösten,

  Kapitel 6, S. 90f.

- anhand von Gleichnissen die besondere bildhafte Sprachform Jesu erklären,

  Kapitel 6, S. 81, 88f.

- erklären, inwiefern es sich bei dem Namen „Jesus der Christus" um ein Glaubensbekenntnis handelt,

  Kapitel 6, S. 100f.

- ansatzweise Ursachen für Konflikte, die Worte und Taten Jesu bei Menschen seiner Zeit auslösten, erörtern,

  Kapitel 7, S. 104

- ansatzweise begründen, was Jesus für Menschen heute bedeuten kann.

  Kapitel 7, S. 102

Inhaltsfeld 5: Kirche als Nachfolgegemeinschaft
Inhaltliche Schwerpunkte: Anfänge der Kirche und kirchliches Leben in der Zeit: Lebenslauf und Jahreskreis

Die Schülerinnen und Schüler können

- die Entstehung der Kirche aus dem Glauben an Jesus Christus – sein Leben, seinen Tod, seine Auferstehung – und das Wirken des Heiligen Geistes beschreiben,

  Kapitel 5, S. 72f.
  Kapitel 7, S. 98
  Kapitel 8, S. 106–109, 114, 116f.

- beispielhafte Aufgaben der Kirche nennen,

  Kapitel 8, S. 106, 109, 120
  Kapitel 9, S. 125, 134

- die Bedeutung der Aposteltätigkeit (z.B. Apostel Petrus, Apostel Paulus) für die Ur-Kirche erläutern,

  Kapitel 8, S. 110–115, 119

- Feste des Kirchenjahres in ihrer Bedeutung erklären,

  Kapitel 9, S. 124–127, 130f., 136

- den Inhalt und die Bedeutung von Sakramenten im Lebenslauf von Christinnen und Christen aufzeigen,

- erläutern, warum und wie katholische Christinnen und Christen Eucharistie feiern,

- an Beispielen Gemeinsamkeiten und Unterschiede in der Glaubenspraxis der Konfessionen darstellen,

- erörtern, ob und auf welche Weise der Einzelne am Leben der Kirchengemeinde teilnehmen und wie er seinen Auftrag als Christ im Alltag realisieren kann.

Inhaltsfeld 6: Weltreligionen und andere Wege der Sinn- und Heilssuche
Inhaltlicher Schwerpunkt: Grundzüge der abrahamitischen Religionen

Die Schülerinnen und Schüler können

- die wichtigsten Stationen im Leben großer Gestalten der abrahamitischen Religionen beschreiben,

- grundlegende Gemeinsamkeiten und Unterschiede in Glaube und Glaubenspraxis der abrahamitischen Religionen benennen,

- die gemeinsamen Wurzeln der abrahamitischen Religionen und deren Bedeutung für das Zusammenleben der Religionen anhand von ausgewählten Erzählungen erläutern,

- Merkmale jüdischen und muslimischen Lebens in ihrer Umgebung aufzeigen,

- erklären, dass der Glaube an „Jesus den Christus" das entscheidende Merkmal für die Christen ist,

- zu gegenwärtigen Vorurteilen zwischen den abrahamitischen Religionen Stellung nehmen.

Quellenverzeichnis

Abbildungen

4 Michael Wolf, siehe S. 9 – Werner Berg, siehe S. 53 – Heiner Altmeppen, siehe S. 23 – Rupprecht Geiger, siehe S. 37 – Joan Miró, siehe S. 65

5 Raimer Jochims, S. 95 – Gregor Merten/Carmen Dietrich, S. 137 – Collage, S. 79 – Bayerische Staatsbibliothek, S. 105 – Rupprecht Geiger, S. 121

9 Michael Wolf (*1954), Architecture of Density, a119, ohne Jahr, Foto: laif

10 Drei Jungen: GlowImages/Fancy – Kinderparty: Fotolia/© Valua Vitaly

11 Albrecht Dürer (1471–1528), Selbstportät mit 13 Jahren, 1484, Silberstiftzeichnung, Foto: akg-images – Loretta Lux (*1969), Maria 1, 2001, Fotografie, 30 × 30 cm © VG Bild-Kunst, Bonn 2015 – Foto: F1 online

13 Christofer Stock, Emmering

14 Wassily Kandinsky (1866–1944), Schlafzimmer in der Ainmillerstraße, 1909, Öl auf Pappe, 48,7 × 69,4 cm, München, Städtische Galerie im Lenbachhaus, Foto: akg-images

15 Fingerabdruck: Fotolia/Audrey Kuzmin – DNA: Image Source/Tim Lund

17 Cover-Abbildung: S.Fischer-Verlag/John Boyne, Die unglaublichen Abenteuer des Barnaby Brocket, S. Fischer Verlag 2013, Illustration: Oliver Jeffers

19 Michelangelo Buonarroti (1475–1564), Die Erschaffung Evas, um 1510, Fresko, 170 × 260 cm, Rom, Vatikan, Sixtinische Kapelle, 5. Mittelfeld. (Aufnahme nach der Restaurierung), Foto: akg-images

21 Filmstill aus „Mobile", Deutschland 2010, Animationsfilm, 7 Minuten, Katholisches Filmwerk, Regie: Verena Fels © Katholisches Filmwerk

23 Heiner Altmeppen (*1951), Norddeutsche Landschaft, 1980–81, Acryl auf Holz, 150 × 200 cm, Kunsthalle in Emden, Stiftung Henri und Eske Nannen und Schenkung Otto van de Loo, www.heiner-altmeppen.de © VG Bild-Kunst, Bonn 2015

24 JALS (J. Smolinski), Küssnacht

25 Fotolia/© Jürgen Fälchle

26 Ellen Stockmar

27 Geigerzähler-Messung: Reuters/Kim Kyung Hoon – Wangari Maathai: action press/HANSEN, MARKUS

28 Lucas Cranach der Ältere (1472–1553), Das Paradies, 1530, Öl auf Lindenholz, 81 × 114 cm, Inv.Nr.3678 Wien, Kunsthistorisches Museum, Foto: akg-images

29 Urban gardening: imago/Haytham Pictures – Müllcontainer: Fotolia/© Oleg Zhukov

31 15-Minuten-Pausen-Aktion © MISEREOR; Abteilung Erziehung und Schule, Bistum Aachen; Abteilung Schulpastoral und Hochschulen, Erzbistum Köln

34 Logo 72-Stunden-Aktion: © BDKJ Bundesstelle e.V., Medienteam 72-Stunden-Aktion

35 HA Schult, Trash people, 2006, Foto: Dieter Klein/Laif, VG Bild-Kunst, Bonn 2015

36 Plakatkampagne des Zentralverbandes des deutschen Handwerks (ZDH), www.handwerk.de

37 Rupprecht Geiger, 638/72, 1972, Öl auf Leinwand, 200 × 205 cm, Diözesanmuseum Freising © VG Bild-Kunst, Bonn 2015

38 Lina Mackeprang, unveröffentlicht

39 action press/XINHUA

43 Verheißung an Abraham, Miniatur aus der Wiener Genesis, um 570, Antiochien, cod. theol. gr. 31 pag. 8, Österreichische Nationalbibliothek, Wien

44 Marc Chagall, Mose vor dem brennenden Dornbusch, 1966, Lithografie © VG Bild-Kunst, Bonn 2015

46 Hasenfenster: look-foto – Schlussstein: Josef Mense, Kassel

47 Buchmalerei aus dem „Liber divinorum operum" von Hildegard von Bingen, 1163–73, Codex Latinum 1942 c. 9 r, Biblioteca governativa, Lucca, Foto: BPK/Scala

49 Stefano da Verona (1374–1451), Sitzender Prophet, nach oben blickend, o.J., Skizze in brauner Tinte auf Papier, 23,2 × 21,0 cm, Britisches Museum, London, inv. 1895-9-15-788 © The Trustees of the British Museum

50 Hand Gottes, katalanische Wandmalerei, um 1123, S. Clemente de Tahull, Museu d'Art de Catalunya, Foto: akg-images/album – Der Schöpfergott als Baumeister der Welt, Titelbild einer Bible moralisée, um 1250, Nordfrankreich, Foto: akg-images/Erich Lessing – Fra Bartolomeo (1472–1517), Gott erscheint der Heiligen Magdalena und der Heiligen Katharina von Siena, Altarbild, 1509, Foto: Interfoto/Granger, NYC – Franz Sattler (*1952), Yellow – Magenta – Cyan, 2011 © Franz Sattler, Naas bei Weitz

53 Werner Berg (1904–1981), Vor der Auferstehung, 1965 © Künstlerischer Nachlass Werner Berg, A-9100 Völkermarkt

54 Hanna Papyrus 1 (Mater Verbi), Papyrus XIV aus der Sammlung Bodmer, Manuskript des Lukas-Evangeliums 11,1–13 mit dem Vaterunser in griechischer Schrift, Anfang 3. Jahrhundert, Biblioteca Apostolica Vaticana

55 Gemeinsames Beten: picture-alliance/Design Pics – Meditierende Frau: Fotolia/Zippl W. – Chorgebet in der Benediktinerinnenabtei St. Erentraud in Kellenried bei Ravensburg Foto: Sr. Charis Doepgen OSB

58 Vaterunser auf Deutsch in der Vaterunser-Kirche in Jerusalem, Foto: Matthias Hinrichsen, Hannover

59 picture-alliance/dpa

60 Bernhard Gietl, Regensburg

61 Monastische Gemeinschaft von Jerusalem, Köln, Foto: Mauritius images/Alamy – Szenenbild aus dem Dokumentarfilm, „Die große Stille", FRA/CHE/BRD 2005, Regie: Philip Gröning, Foto: Interfoto/NG Collection – Kirche der Abtei Königsmünster, Meschede, Foto: Huber Images/Klaes – Krankenschwester, Foto: Reuters/Eduard Korniyenko – Missionsschwester, Foto: mauritius images/Alamy – Mönche des Klosters Plankstetten im Refektorium, Foto: Hans-Bernhard Huber/laif

65 Joan Miró (1893–1983), Mai 1968, 1973, 200 × 200 cm, Acryl und Öl auf Leinwand, Barcelona, Fundació Joan Miró, VG Bild-Kunst, Bonn 2015

66 Jugendliche in Taizé: epd-bild/Hanno Gutmann – Bibellesen, Foto: akg-images/Universal Images Gr – Pfarrer mit Bibel, Foto: epd-bild/Friedrich Stark

67 Schriftrolle aus Qumran, Foto: Mauritius images/Alamy – Niederrheinische Historienbibel, Folio 67 recto, um 1457–1460, Handschrift/kolorierte Federzeichnung, Foto: bpk/Staatsbibliothek zu Berlin – Seite aus Lk, Einheitsübersetzung der Heiligen Schrift, vollständig durchgesehene und überarbeitete Ausgabe © 2016 Katholische Bibelanstalt GmbH, Stuttgart; Alle Rechte vorbehalten – Screenshot www.bibelwerk.de, Katholisches Bibelwerk e.V., Stuttgart

70 Thomas Zacharias (*1930), Die Herausführung aus Ägypten, 1967, Farbholzschnitt © VG Bild-Kunst, Bonn 2015

72 Imago

73 Thomas Zacharias (*1930), Gang nach Emmaus, 1967, Farbholzschnitt © VG Bild-Kunst, Bonn 2015

76 Paul Gauguin (1848–193), Das Gespräch, 1891, Öl auf Leinwand, 89 × 125 cm, Eremitage, St. Petersburg, Russland, Foto: Mauritius images/United Archives

77 Das letzte Abendmahl, Mosaik, 6. Jahrhundert, San Apollinare Nuovo, Ravenna, Foto: Bridgeman, Detail

79 Fotomosaik/Jesusporträt, Foto: Diözesanstelle Berufe der Kirche, Freiburg

80 Hitda-Codex, Heilung der Schwiegermutter des Petrus, Ende 10. Jahrhundert, Buchmalerei, Universitäts- und Landesbibliothek Darmstadt, Hs. 1640, fol. 77r – Blick über Nazaret und Jordantal, Fotos: Laif/Naftali Hilger

81 Das Gleichnis vom Sämann, Illustration: Annegert Fuchshuber, in: Werner Laubi, Kinderbibel, Verlag Ernst Kaufmann, Lahr 1992, S. 205

85 Laif/Lucas Vallecillos/VWPics/Redux

87 Bibeldorf Rietberg

89 Vincent van Gogh (1853–1890), Sämann bei untergehender Sonne. Arles, 1888, Öl auf Leinwand, 64 × 80,5 cm, Otterlo, Rijksmusum Kröller-Müller, Foto: akg-images

91 Berufung des Matthäus, Codex Aureus, Echternach, 10. Jahrhundert, Germanisches Nationalmuseum, Nürnberg, Detail

95 Raimer Jochims (*1935), Kreuzblüte, 1983 © beim Künstler

96 Rembrandt Harmenszoon van Rijn (1606–1669), Christuskopf, um 1655, Öl auf Eichenholz, 25 × 21,6 cm, Foto: BPK/Gemäldegalerie, SMB/Jörg P.

97 Christus thront in der Mandorla, Codex Aureus, Echternach, Detail, 10. Jh., Germanisches Nationalmuseum, Nürnberg, Foto: Interfoto/ARTCOLOR

98 Kreuz am Straßenrand, Foto: action press/WIEDEMANN, ERICH – Wegkreuz, Foto: Interfoto/imageBROKER/Hartmut Schmidt – Gipfelkreuz, Foto: Fotolia/© Robert – Grabkreuz, Foto: action press/TRAX

100 Deckenmosaik im Baptisterium in Albenga, um 450, Mosaik, Italien, Foto: BPK/Scala

101 Der Triumph des Kreuzes, Anfang 12. Jahrhundert, Apsismosaik, San Clemente, Rom, Foto: Fotolia/© Renáta Sedmáková

102 Handschriftlicher Abschiedsbrief von Hermann Lange an seine Eltern, geschrieben kurz vor seiner Hinrichtung am 10.11.1943 im Gefängnis Holstenglacis, Hamburg. Der Brief wurde von der Gefängnisleitung zurückgehalten und erreichte die Familie Langes nie. Lange Zeit galt er als verschollen. 2004 wurde er im Berliner Bundesarchiv wieder entdeckt. © Bischöfliches Geralvikariat, Bistumsarchiv Osnabrück – Foto Hermann Lange: epd-bild/© KNA-Bild

103 Anastasis, Auferstehung Christi, 14. Jahrhundert, Seitenkapelle in der Chora-Kirche, Istanbul, Foto: Mauritius images/Alamy

105 Perikopenbuch Heinrichs II., Tafel 36, Fol. 135 v, Bayerische Staatsbibliothek

107 Apostel Petrus und Paulus, Vorderseite eines frühchristlichen Sarkophages, Museo della Civilta Romana, Rom, Foto: akg-images/De Agostini Picture Lib. – Feuer, Foto: Fotolia/© Kalle Kolodziej – Fluss, Foto: Shutterstock/momanuma

109 Der Heilige Geist als Taube, Foto: Shutterstock/BrankaVV – Bistumskarte: © Deutsche Bischofskonferenz

111 Bernd Zimmer (*1948), Gelbe Düne, 2002, Acryl auf Leinwand, 120 × 100 cm © VG Bild-Kunst, Bonn 2015

113 Bekehrung des heiligen Paulus, 6. Jahrhundert, Handschrift, Biblioteca Apostolica Vaticana, Cod. Graec. 699, fol. 83v

115 Paulus, Thekla und Timotheus, Byzantinische Minuskel zum Römerbrief, Griechische Psalmen- und Evangelienhandschrift, Konstantinopel, ca. 1084, Dumbarton Oaks MS 3, f. 269 v., Harvard Library, Cambridge

116 Brot brechen, spätes 2. Jahrhundert, Wandgemälde in der sogenannten Griechischen Kapelle in der Priscilla-Katakombe, Rom, Foto: Interfoto/Granger, NYC

117 Priscilla Katakomben, Foto: action press/Vandeville Eric/Abaca Pressaction press

119 Tympanon, Sainte-Trophime, Arles (Bouches-du-Rhône), Foto: akg-images/Etienne Marie, Detail

121 Rupprecht Geiger (1908–2009), Roter Punkt, 1971, Altarraum der St.-Ludwig-Kirche in Ibbenbühren, VG Bild-Kunst, Bonn 2015, Kath. Kirchengemeinde Heilig Kreuz, Ibbenbühren/Foto: Gisela Franke, Ibbenbühren

122 Erntedankaltar, Foto: Shutterstock/Patrick Poendl – Sternsinger, Foto: picture-alliance/dpa – Evangelische Pfarrerin beim Sonntagsgottesdienst, Foto: epd-bild/Norbert Neetz – Katholischer Priester beim Sonntagsgottesdienst, Foto: VISUM/Gustavo Alabiso

123 Imago

125 Verlag Katholisches Bibelwerk, Stuttgart – Evangelisches Gesangbuch, Foto: © Mario Moths

128 A. Meßmer

129 Sonntags nie! © Bonifatiuswerk der deutschen Katholiken, Paderborn, www.bonifatiuswerk.de

130 Adolf Hölzel (1853–1934), Anbetung, 1912, Privatbesitz

131 Caspar David Friedrich (1774–1840), Ostermorgen, um 1835, 43,7 × 34,4 cm, Öl auf Leinwand, Museo Thyssen-Bornemisza, Madrid, Foto: akg-images

132 Kath. Pfarramt Wadgassen/Foto: Hartmuth Franke

133 Corita Kent, power up (parts 1–4), über dem Altar der Kapelle „Our Mother of Good Counsel", Los Angeles, ca. 1965, reprinted with permission of the Corita Art Center, Immaculate Heart Community, Los Angeles

136 Schultüte: Fotolia/euthymia – Dreikönigssegen: Fotolia/Bmotion – Firmung: Imago – Taufbecken: Fotolia/© Renáta Sedmáková – Geburtstagskuchen: Shutterstock/Olyina – Eheringe: Fotolia/© Lsantilli – Zeugnis: Fotolia/rosaampel – Hostie: picture-alliance/Godong – Grabkreuz: Fotolia/© VRD – Schokonikolaus: Imago – Osterlamm: Fotolia/© A_Lein – Krippe: Fotolia/© Matthias Buehner – Krankensalbung: Fotolia/© Gerhard Seybert – Feuer: Fotolia/© Kalle Kolodziej – Beichte: mauritius/Godong/Alamy – Laternen: Fotolia/© Marina Lohrbach – Priesterweihe: Imago

137 Gregor Merten/Carmen Dietrich, Engel der Kulturen

138 picture-alliance/dpa

139 Arabischer Kalligraf: Mauritius images/Ton Koene/VWPics/Alamy – Ikonenmaler: Look/look-foto – Cod. 1182, fol. 108v: Evangeliar des Johann von Troppau, Foto: Interfoto/picturedesk.com/ÖNB – Sofer: picture-alliance/ZB

142 Lesender Jude: image stock & people – Kommunionkinder: Bernhard Gietl – DITIB-Zentralmoschee, Köln: Imago/imago/Manngold – Jugendliche: Shutterstock/Koraysa – St. Kunibert, Köln: Fotolia/Fotolia/© Blacky – Neue Synagoge, Bochum: Fotolia/fotolia/© sehbaer_nrw – Verschleierte: IMAGO – Mädchen: Shutterstock/glenda –Menora: Shutterstock/hatanga – Keltisches Kreuz: Fotolia/© ALCE

143 Lebensmittelladen: Reuters/Thomas Peter – Nonne: VISUM/Stefan Kiefer – Jüdische Gemeinde: picture-alliance/picture alliance/JOKER – Muslimische Gemeinde: action press/KORPA/ABC – Christliche Gemeinde: Imago/imago/Rüdiger Wölk – Koran: epd-bild/© epd-bildStefan Boness – Tasbih: Shutterstock/Irena Misevic

145 Caritas – Muslime helfen – ZWST – Kaaba: Fotolia/© Jasmin Merdan – Jakobsweg: Fotolia/PANORAMO – Klagemauer: Fotolia/© wemm – Torarolle: Shutterstock/Howard Sandler – Einheitsübersetzung: Herder – Adel-Theodor Khoury, Der Koran, Gütersloher Verlagshaus

146 Cod. 2759, fol. 55v: Bibel (Fragm.), sogen. „Wenzelsbibel", Bd. 1, Foto: Interfoto/picturedesk.com/ÖNB – Marion Schöber, Inkarnation, Überzeichnung Christuskopfes von Rembrandt, 2012

147 Stephan Lochner, Die Muttergottes in der Rosenlaube, um 1440–1442, Eichenholz, 50,5 × 40 cm, Foto: press/ullstein/Archiv Gerstenberg – Muhammad, persische Miniatur 1436/37, Illustration zum Miraj Nameh des Dichters Mir Haydar, Gouache auf Papier, ca. 30 × 21 cm, Ms. Suppl. turc 190, Ausschnitt, Foto: akg-images/Roland and Sabrina Michaud/akg

149 Dominik Sinwel/KJÖ, Katholische Jugend Österreich

150 picture-alliance/abaca

151 Grabeskirche: Fotolia/Benshot – Felsendom: Fotolia/kubek76 – Klagemauer: Fotolia/senicer

154 Shutterstock/Jan Herodes

156 Fliese mit Kalligrafie: Interfoto/Raimund Franken – Kalligrafie: Fotolia/© hypnocreative

157 ClipDealer/murxxx

158 Triptychon mit der hl. Dreifaltigkeit, um 1390, Niederlande, Öl auf Eichenholz, Mittelbild, 36 × 32 cm, Foto: bpk/Gemäldegallerie, SMB – Fairtrade

159 Fotolia/Bmotion

160 Eingangsseite zum Matthäusevangelium mit der Darstellung der Symbole der Evangelisten, Gospel book, Irish (vellum), Book of Kells (ca. 800), TCL 100968 MS 58 fol 27v, Foto: Interfoto/PHOTOAISA

161 Franz von Assisi, 13. Jh., Fresko in der Kapelle des hl. Benedikt in der Unterkirche des Klosters S. Benedetto, Subiaco, Italien, Foto: akg-images/Gerhard Ruf

163 Bildnis der hl. Hildegard von Bingen, um 1230, Ausschnitt aus einer Bilderhandschrift, Lucca, Biblioteca Governativa Statale, Foto: akg-images

165 Christus Pantokrator, byzantinische Ikone, 1262/63, Tempera auf Holz, 135 × 93 cm, Ohrid, Ikonengalerie Sveti Kliment, Foto: akg-images/André Held

166 Fotolia/© kirill4mula

167 Shutterstock/Sufi

168 Stiftsbibliothek St. Gallen, Nachzeichnung

169 Konzil: epd-bild/Agenzia Romano Siciliani – Logo Konziliarer Prozess – Koran: Mauritius images/imageBROKER/Egmont Strigl – Krankensalbung: Fotolia/© Gerhard Seybert

171 VISUM/Manuel Hauptmannl

172 Innenansicht der Merkez-Moschee, Duisburg-Marxloh, Foto: Mauritius images/imageBROKER/Jochen Tack

173 Imago

174 Apostel Petrus und Paulus, Mosaik, Details aus dem Triumphbogen der Kirche San Vitale, Ravenna, Foto: Ed. A. Longo, Ravenna

175 Ramses II. bringt dem Gott Amun, sich selbst als vergöttlichtem Pharao und der Göttin Mut afrikanische Gefangene, Abu Simbel, Großer Tempel, Darstellung 1832 von Ippolito Rosellini, Foto: akg-images/Bildarchiv Steffens

176 Priesterweihe: Imago – Initiale D, Psalm 39, Buchmalerei, Frankreich 13. Jh., Psalter. Ms. Lat. Lit. d. 42, fol.22. Oxford, Bodleian Library, Foto: akg-images

177 akg-images/Israel Talby

178 Taufe: Mauritius images/Godong/Alamy – Erstkommunion: action press/BECKER + BREDEL GbR – Firmung: KNA/Harald Oppitz – Hände: Fotolia/© cohelia

179 imago

180 Grundriss: Israelische Religionsgemeinschaft Württemberg – Peter Paul Rubens, Teresa von Avila, um 1615, Öl auf Eichenholz, 67 × 69 cm, Wien, Kunsthistorisches Museum, Foto: akg-images

181 action press

Texte und Lieder

Bibeltexte, wenn nicht anders angegeben, zit. n.: Einheitsübersetzung der Heiligen Schrift, vollständig durchgesehene und überarbeitete Ausgabe © 2016 Katholische Bibelanstalt GmbH, Stuttgart. Alle Rechte vorbehalten

15 Gebet: Mascha Kaléko, Verse für Zeitgenossen. Erschienen 1958 im Rowohlt Verlag, Reinbek © 2015 dtv Verlagsgesellschaft, München – Sinngedicht: Robert Gernhardt, Gesammelte Gedichte: 1954–2006, S. Fischer Verlag, Frankfurt a.M. 2008

16f. John Boyne, Die unglaublichen Abenteuer des Barnaby Brocket, übersetzt von Adelheid Zöfel, S. Fischer Verlag, Frankfurt a.M. 2013, S. 17 und 262f.

22 T: Günther Strohbach/M: Heimz Lemmermann © Fidula-Verlag, Boppard/Rhein

25 Karl Kardinal Lehmann in: Die deutschen Bischöfe, Der Klimawandel (Kommission Weltkirche Nr. 29), 2. aktualisierte Auflage, S. 5

32 M: aus Italien/T: Franz von Assisi/dt. Titel: Sei gepriesen für alle deine Werke, T: Winfried Pilz © Verlag Haus Altenberg, Düsseldorf

33 Dietrich Steinwede, Von der Schöpfung, Ernst Kaufmann Verlag, Lahr 1972, S. 14–16

36 Hanno Sparbier-Conradus, Sieben Regeln zum Umgang mit Gottes guter Schöpfung, bearbeitet

39 Jes 66,13 zitiert nach: Meine Schulbibel. Ein Buch für Sieben- bis Zwölfjährige, München u.a.: Kösel u.a. 2004, S. 68 © 2016 Cornelsen Verlag GmbH, Berlin

46 Hildegard von Bingen, Welt und Mensch. Das Buch „De operatione dei", übers. und eingel. von Heinrich Schipperges, Otto Müller Verlag, Salzburg 1965

48 Edition der Konzilsbeschlüsse lateinisch/deutsch in: Josef Wohlmuth (Hg.): Dekrete der ökumenischen Konzilien, Band 2: Konzilien des Mittelalters, ins Deutsche übertragen und hrsg. unter Mitarbeit von Gabriel Sunnus und Johannes Uphus von Josef Wohlmuth, Schöningh Verlag, Paderborn u. a. 2000, S. 22–271

52 T: Teresa von Avila/M: Jacques Berthier © Ateliers et Presses de Taizé, 71250 Taizé-Communauté

54 Klaus Hemmerle, Herder Verlag, Freiburg i.Br.

60 Teresa von Avila, Verweilen bei einem Freund. Gebete, hg. v. Ulrich Dobhan, Verlag Neue Stadt, München ²1992 – Teresa von Avila, Ich bin ein Weib – und obendrein ein gutes. Eine große Frau, eine faszinierende Mystikerin, hg. v. Erika Lorenz, Herder Verlag, Freiburg i.Br. 1998

62 Werner Schaube in: Herders Handbuch der Gebete. Ausgewählt von Werner Schaube, Herder Verlag, Freiburg i.Br. 1994, S. 240
Melodie: Peter Janssens/Text: Alois Albrecht © Peter Janssens Musik Verlag, Telgte-Westfalen

63 Hermine König, Was ich dir sagen will. Kinder beten, Kösel-Verlag, München 1992, S. 41

64 Wolfdietrich Schnurre, Der Spatz in der Hand. Fabeln und Verse, Langen-Müller, München 1971

67 Bertolt Brecht, Werke. Große kommentierte Frankfurter und Berliner Ausgabe, Bd. 21, Suhrkamp Verlag, Frankfurt a.M. 1992, S. 248

76 T: Matthäus 18,20/M: Jesus-Bruderschaft Gnadenthal © 1972 Präsenz-Verlag, Gnadenthal

80 Kurt Marti, Der Heilige Geist ist keine Zimmerlinde. achtzig ausgewählte Texte, Radius, Stuttgart ²2001, S. 123f.

81 Huub Oosterhuis, Du bist der Atem und die Glut. Gesammelte Meditationen und Gebete, Herder Verlag, Freiburg i.Br. ³1995

88 Lk 13,20-21 zitiert nach: Lutherbibel. Standardausgabe mit Apokryphen © 2016 Deutsche Bibelgesellschaft, Stuttgart

92 M: Peter Janssens/T: Alois Albrecht © Peter Janssens Musik Verlag, Telgte-Westfalen – Wilhelm Willms, lichtbrechung. geistliche lyrik, Butzon & Bercker GmbH, Kevelaer 1982

96 Du bist Licht und du bist Leben: T/M: Johann Bergsmann © Diözese Linz
Lass uns in deinem Namen, Herr: T/M: Kurt Rommel © Strube Verlag GmbH, München

102 Röm 6,5 zitiert nach: Lutherbibel. Standardausgabe mit Apokryphen © 2016 Deutsche Bibelgesellschaft, Stuttgart

104 Lothar Zenetti, Auf seiner Spur, Verlagsgruppe Patmos 2000

106 M: Melchior Vulpius/T: Maria Luise Thurmair © Verlag Herder, Freiburg i.Br.

116 Röm 10,9-10 zitiert nach: Lutherbibel. Standardausgabe mit Apokryphen © 2016 Deutsche Bibelgesellschaft, Stuttgart

118 T/M: Martin Gotthard Schneider © Rechte beim Urheber

123 Kurt Marti, a.a.O., S. 121

129 Antoine de Saint-Exupéry, Der kleine Prinz, übersetzt von Grete und Josef Leitgeb © Karl Rauch Verlag, Düsseldorf 1950 und 1998

130 Lk 2,1.3-18 zitiert nach: Meine Schulbibel. Ein Buch für Sieben- bis Zwölfjährige, München u.a.: Kösel u.a. 2004, S. 87f. (gekürzt) © 2016 Cornelsen Verlag GmbH, Berlin

133 Gotteslob 587.3

134 M: Jobin Straßburg, Genf 16. Jahrhundert/T: Friedrich Dörr © Diözesancaritasverband Eichstätt

138 Der Koran. Übersetzung von Rudi Paret, Kohlhammer Verlag, Stuttgart ¹²2014, S. 218

148 Der Koran. Übersetzt und kommentiert von Adel Theodor Khoury, Gütersloher Verlagshaus, Gütersloh 2007

149 Harry Harun Behr, in: Saphir. Folien zum Islam, Kösel-Verlag, München 2013